心中音乐

Songs from the Heart

心中音乐
Songs from the Heart

© GlossaHouse, 2023

All rights reserved. No part of this book may be reproduced or transmitted in any form or by any means, electronic or mechanical, including photocopying or recording, or by means of any information storage or retrieval system, except as may be expressly permitted by the 1976 Copyright Act or in writing from the publisher. Requests for permission should be addressed in writing to the following:

GlossaHouse, LLC
110 Callis Circle
Wilmore, KY 40309
www.GlossaHouse.com

Callaham, Scott N.
Songs from the Heart / Scott N. Callaham — Wilmore, KY: GlossaHouse © 2023

    Paperback ISBN-13: 978-1-63663-046-5
    Hardback ISBN-13: 978-1-63663-047-2

Cover design by T. Michael W. Halcomb

Text layout by Scott N. Callaham

《心中音乐》的小故事

  很多年前，神藉着一次崇拜聚会改变了我的人生。那天，我的小姨子和小姨夫带领会众唱赞美诗。当时，一句中文也不懂、一个汉字也不会的我，居然从唱第一个音符开始，就被优美的普通话敬拜歌声感动到。

  经过几天的祷告并读经，我领受到一个具体的呼召，就是我要使用我的学术背景来服事华人教会。我知道，学习中文将会非常困难。但我同时确定，神能让祂软弱的仆人透过中文神学教育的事奉来荣耀基督，而这是一件唯有神才能做到的事情。

  因此我在大陆一所大学全职学了中文三年。每一天我都要经过一座历史悠久的桥来走到教室。过桥时我会为未来的学生祷告，求神帮助我穿过那座搁在我和他们中间的语言桥梁，以便我可以服事他们。

  经过这三年之后，我终于在一所华人神学院成为一名教授。我第一群学生包容忍耐我尝试使用中文来讲课。

  过了首三个学期之后，我休假时想念这些优秀的学生，祷告求神祝福他们。一下子我在脑海中听到了一段旋律。那段旋律竟有歌词，而且是中文的歌词！虽然我的母语不是中文，我也不是个音乐家，但是那天神让我成为一个中文圣诗的作曲者！

  这本歌集及其附随的《心中音乐》专辑都是这个神迹的结果。我的学生作校对，改写歌词，弹钢琴和吉他，给我许多建议，并且透过每一首歌来敬拜神。我们愿把这些神学丰富的诗歌献给神。

致谢

　　许多同事和机构的大力支持使《心中音乐》Songs from the Heart 得以出版。我特别感谢赵喜尊、郭义宏、黄文慧、王观惠、卓光盐、卓静文、高静和孙静的歌词校对；Ed Steele 音乐上的宝贵意见和出版赞美诗集的指引；Shapwung Valui 检查吉他谱图。感谢桓涌杰的封面设计。

　　本项目得蒙 Wint Latt 和 Brian Garland 对专辑的长期帮助。陈明昌（Ivan Tang-kulung）的优秀编曲使专辑和这本歌集的歌曲栩栩如生。非常感谢洪情霞认真校对整个项目。

　　感谢纽奥良浸信会神学院在我 2022 年休假时提供住宿、办公室以及舒适合宜的环境让我撰写本歌集。纽奥良华人浸信会热烈欢迎我和家人来到纽奥良，很快成为我们的新母会。教会已经在崇拜聚会中唱了一些《心中音乐》的圣诗。

　　愿神使用《心中音乐》的赞美诗集，在全球华人教会中应验以下的经文，得着所有荣耀！"他使我口唱新歌，就是赞美我们神的话。许多人必看见而惧怕，并要倚靠耶和华。"（诗篇 40:3）

简思德

目录

祢是心中音乐 / You're the Song in My Heart	F	诗篇 28:7	6
哦主	C	哥林多后书 12:9	16
唯一盼望	C	诗篇 71:5	21
是祢 / Indeed, It's You	G	马太福音 16:16	25
怎能如此	F	以弗所书 5:2	36
我是谁？	E♭	撒母耳记下 7:18	41
我要跟随祢 / I Will Follow You	F	马可福音 1:17	46
我要赞美我救赎主	D	罗马书 7:24	60
我不得不赞美祢的圣名	C	诗篇 145:21	65
灵修歌	D	马太福音 6:6	70
我是个敬拜者	C	罗马书 12:1	74
求祢更新我	E♭	提多书 3:5	78
为孩子的祷告	C	箴言 1:7-8	83
无法测透的慈爱	C	诗篇 31:16	88
神啊，请荣耀祢的圣名	F	诗篇 86:12	94
我要赞美	G	哥林多前书 15:55	99
每一瞬间，我敬拜祢	F	诗篇 34:1	105
我再一次颂赞	C	诗篇 63:3	111
我会救赎祢	D	以赛亚书 43:1	117
神，我献上生命中的一切	C	路加福音 9:23	120
我要顺服祢的带领	C	箴言 3:5-6	125
昔在今在永在的主	D	启示录 1:8	129
唯一倚靠	C	诗篇 13:5-6	133
大卫子孙啊，可怜我吧！	D	马可福音 10:47	137
从深处之求告	F	诗篇 130:1	142
每一天敬拜	D	诗篇 113:3	153
救赎主	F	约伯记 19:25	159
上帝的爱	C	罗马书 8:39	164
凡有气息的都要赞美耶和华	F	诗篇 150:6	170
还有为我的盼望	C	何西阿书 6:3	176
求祢让我再次复兴！	D	诗篇 85:6	181

哈利路亚！我属于祢！	C	诗篇 119:94	**185**
避难所	G	约伯记 1:21	**189**
我怎能敬拜祢？	D	诗篇 30:11-12	**193**
我们来到祂面前	F	历代志上 16:29	**198**
在祢手里	G	约翰福音 10:27-28	**202**
真理圣灵	F	约翰福音 14:16-17a	**206**
天父我敬拜祢	G	约翰福音 4:23	**210**
加冕	G	希伯来书 2:9	**215**
在伯利恒城	C	弥迦书 5:2	**220**
祢当被称颂	F	撒母耳记下 22:47	**224**

祢是心中音乐

耶和华是我的力量，是我的盾牌。我心里倚靠他，就得帮助。所以我心中欢乐。我必用诗歌颂赞他。
诗篇 28:7

词、曲：简思德
编曲：陈明昌

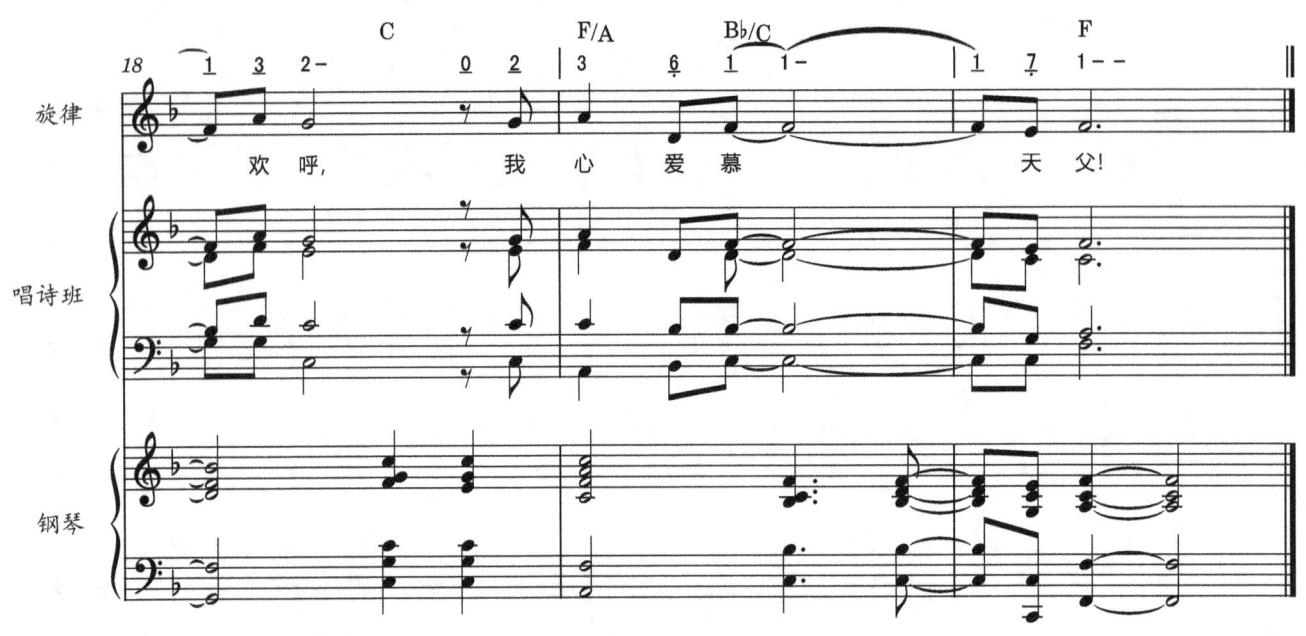

祢是心中音乐
(1/2)

简思德

F major　　4/4　　♩ = 100

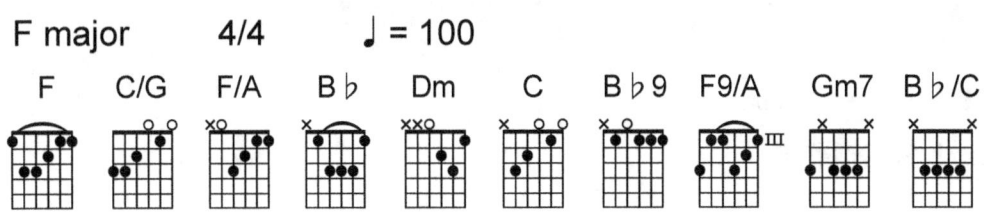

①
```
   F              F    C/G  F/A
望着十架大爱我不禁   歌   唱，

B♭    Dm  C
曲调触摸我心。

   F              F    C/G  F/A
让我看清一生的罪恶   幽   暗，

B♭    Dm  C
愿有全新的灵！
```

副歌（下一页）

②
当圣灵旋律触动心灵深处，
我怎能不跟随？
我要现在悔改开始跟从主，
愿进浸礼的水！

③
按祢话语节奏我脚步稳当，
带来祝福平安。
去传扬祢话语的福音真光，
愿光照亮黑暗！

④
让生命各层面奏起交响乐，
与祢欢唱合音。
让我一直歌唱至永永远远，
愿颂赞归祢名！

版权所有 © 2022 GlossaHouse / CCLI Song # 7205137

祢是心中音乐

(2/2)

F major   4/4   ♩ = 100

副歌

C   F   B♭9   F9/A
祢是心中音乐！我向祢歌颂！

       Gm7   **C**
无论感受如何幸福或心痛，

       B♭9   F9/A
我仍要敬拜，使我灵满足。

       Gm7   **C**   **F/A**   **B♭/C**   **F**
心中发出   欢呼，我心   爱慕天   父！

- You're the Song in My Heart 2 -

- You're the Song in My Heart 3 -

You're the Song in My Heart
(1/2)

Scott N. Callaham

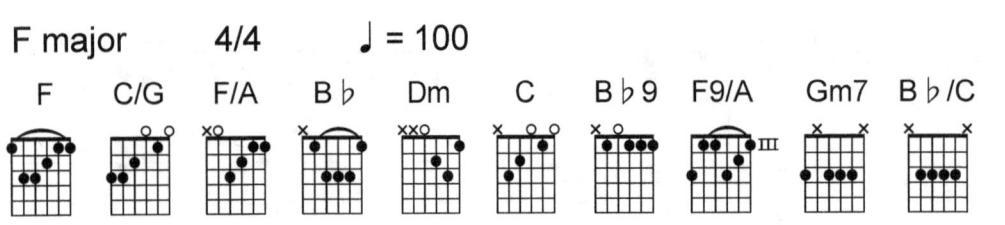

F major   4/4   ♩ = 100

①

   F   F   C/G F/A
I gaze upon the cross, and a song be - gins.

B♭   Dm   C
Its tune pier - ces my heart.

   F   F   C/G F/A
Its words reveal my weakness and dark - est sins,

B♭   Dm   C
New spirit to im - part!

CHORUS (next page)

②
Striking my soul's hard door is the Spirit's beat,
Calling me to obey.
Through baptism announce Satan's sure defeat,
Proclaim true living faith!

③
The cadence of your word strengthens foot and hand,
Urges to serve aright.
Preach Christ and his good news throughout every land.
Shine forth the gospel light!

④
Let symphonies of praise fill my life's journey,
And let my voice proclaim.
I'll sing of your great love through eternity!
Lord, glorify your name!

版权所有 © 2022 GlossaHouse / CCLI Song # 7205136

You're the Song in My Heart
(2/2)

F major   4/4   ♩ = 100

CHORUS

C   **F**   **B♭9**
You're the song in my heart!

         F9/A
To you I sing praise!

       Gm7   **C**
Whether I see grief or find joy all my days,

     B♭9   **F9/A**
My worship is true, thrills my soul a - new!

       Gm7   **C**   **F/A**   **B♭/C**   **F**
From deep within,   my king,   my love for   you   I sing!

哦主

(1/2)

简思德

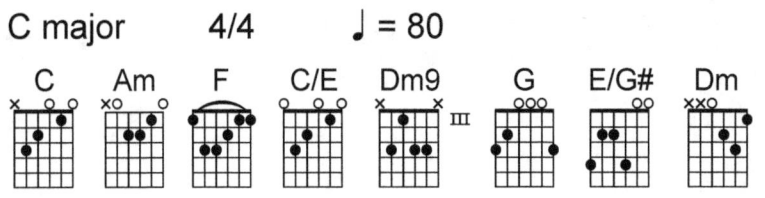

①
     C   Am

哦主，我很软弱。

     F   C/E   Dm9   G

我充满罪恶的本　　性让我见不到祢面。

     C   Am

哦主，请洗净我！

     F   C/E   Dm9   G

求圣灵的火来焚　　烧所有自信和偏见！

副歌（下一页）

②
哦主，我很软弱。
请祢用我的软弱性来反映祢的力量。
哦主，请改变我！
愿耶稣的福音让我再次体会祢荣光！

③
哦主，我很软弱。
让我每时刻信靠祢并依靠祢的装备。
哦主，请使用我！
来忠实地彰显耶稣好让万族都赞美！

版权所有 © 2022 GlossaHouse / CCLI Song # 7205140

哦主
(2/2)

C major　　4/4　　♩ = 80

副歌

　　　C　　G　E/G#　Am
哦主，请祢来赐我　复兴！

　　　G　　F
让我不会硬着心！

　　　G　　Dm　G
听祢所有的命令！

　　　C　　G　　Am
哦主，祢的恩典真足够！

　　　G　　F
求祢用油膏我头！

　　　G　　Dm　G
让祢爱总出我口！

　　　C　　Am　F G C
哦主，所有荣耀归于祢！

唯一盼望

主耶和华啊，你是我所盼望的。从我年幼你是我所倚靠的。
诗篇 71:5

词、曲：简思德
编曲：陈明昌

唯一盼望

(1/2)

简思德

C major　　4/4　　♩ = 80

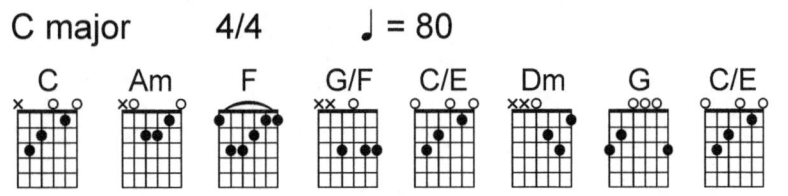

①
　　C　　　　　Am
我人生只有一个盼望，

　　F　　　　　C
就是神所牺牲的羔羊。

　　F　　G/F　C/E　F
从罪恶释出，从奴役释放，

　　Dm　　　　G
因无尽的救恩我颂赞！

副歌（下一页）

②
我生命只有一个基础，
就是神真宝贵的话语。
作脚前的灯，照亮每条路，
因无穷的智慧我欢呼！

③
我生活只有一个目标，
就是神得所有的荣耀。
既蒙神救赎，又成新创造，
因无罪的身份我宣告！

版权所有 © 2022 GlossaHouse / CCLI Song # 7205141

唯一盼望
(2/2)

C major   4/4   ♩ = 80

副歌

     C C/E   **F**
唯一盼望， 唯一救主，

     Dm   **G**
掌管我心， 引导我路！

     C C/E   **F C/E**
我的一切   在祢手里。

  Dm G C
我永远信靠祢！

副歌

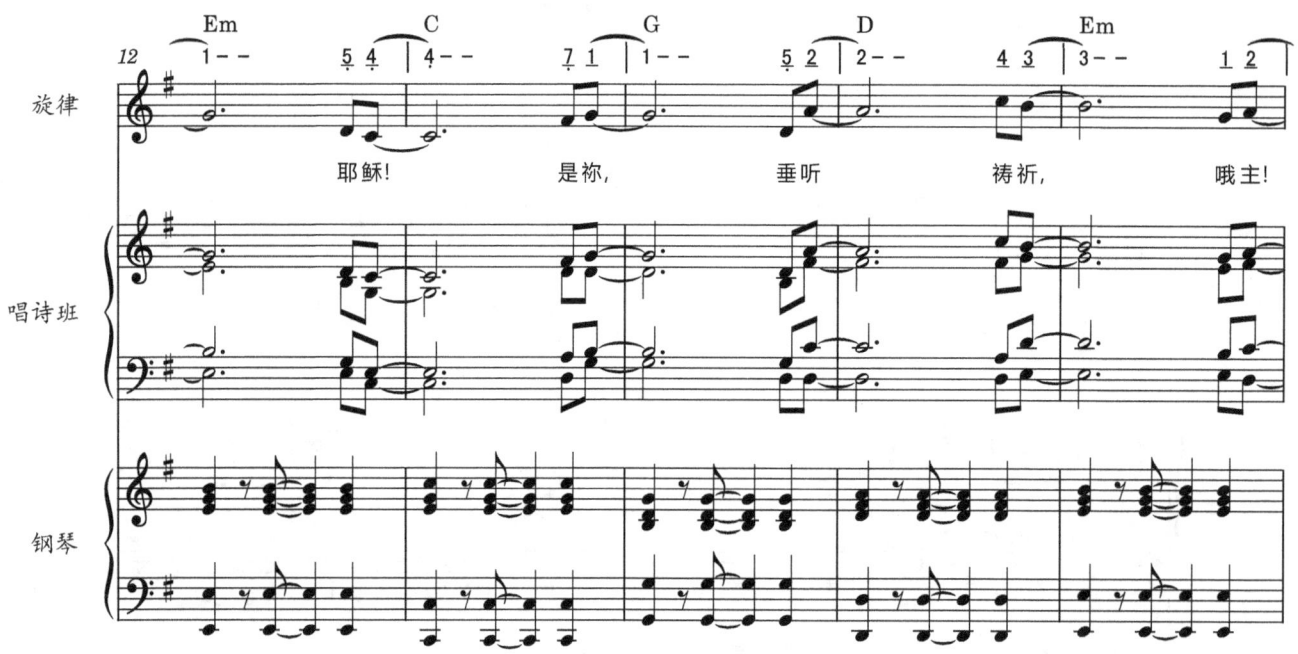

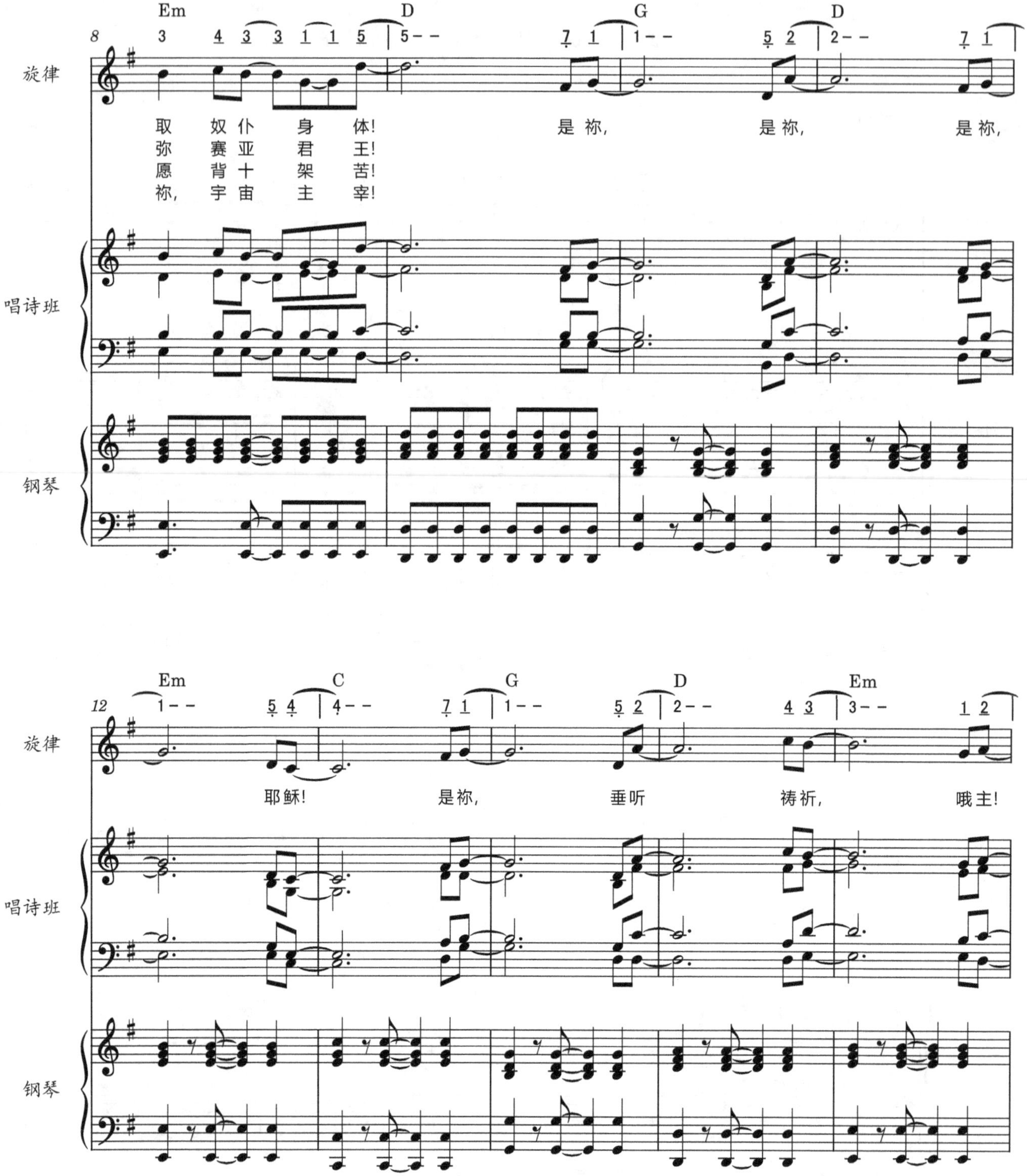
Em
D
G
D
8
旋律
取 奴仆 身 体!
弥 赛亚 君 王!
愿 背十 架 苦!
祢, 宇宙 主 宰!
是祢,
是祢,
是祢,
唱诗班
钢琴
Em
C
G
D
Em
12
旋律
耶稣!
是祢,
垂听
祷祈,
哦主!
唱诗班
钢琴

是祢

(1/2)

简思德

G major　4/4　♩ = 110

G　D　Em　C　G/D

①

　　G　　　　D
谁体现天父，远高于万物？

　　Em　　　C
祢让万有能立。

　　G　　　　D
虽有神样式，却谦卑服事，

　　Em　　　D
祢取奴仆身体！

副歌（下一页）

②
谁远古降生，开天堂之门？
祢天军的颂赞。
虽在同胞中，却不被认同，
祢弥赛亚君王！

③
谁传扬福音，医治众疾病？
祢易把鬼魔驱。
虽得神称誉，却遭人凌辱，
祢愿背十架苦！

④
谁战胜死亡，把万民释放？
唯祢配得敬拜。
虽仍有钉痕，却完成救恩，
是祢，宇宙主宰！

是祢
(2/2)

G major   4/4   ♩ = 110

副歌

  G **D** **Em** **C**
是祢，是祢，是祢，耶稣！

  G **D** **Em** **D**
是祢　垂听　祷祈，哦主！

  G **D** **Em** **C**
唯有祢　让悖逆　叫失迷　得赎！

  G/D D **G**
是祢，哦主耶稣！

Indeed, It's You

Simon Peter replied, "You are the Christ, the Son of the living God."
Matthew 16:16

lyrics, melody: Scott N. Callaham
arrangement: Ivan Tangkulung

版权所有 © 2022 GlossaHouse / CCLI # 7205138

- Indeed, It's You 3 -

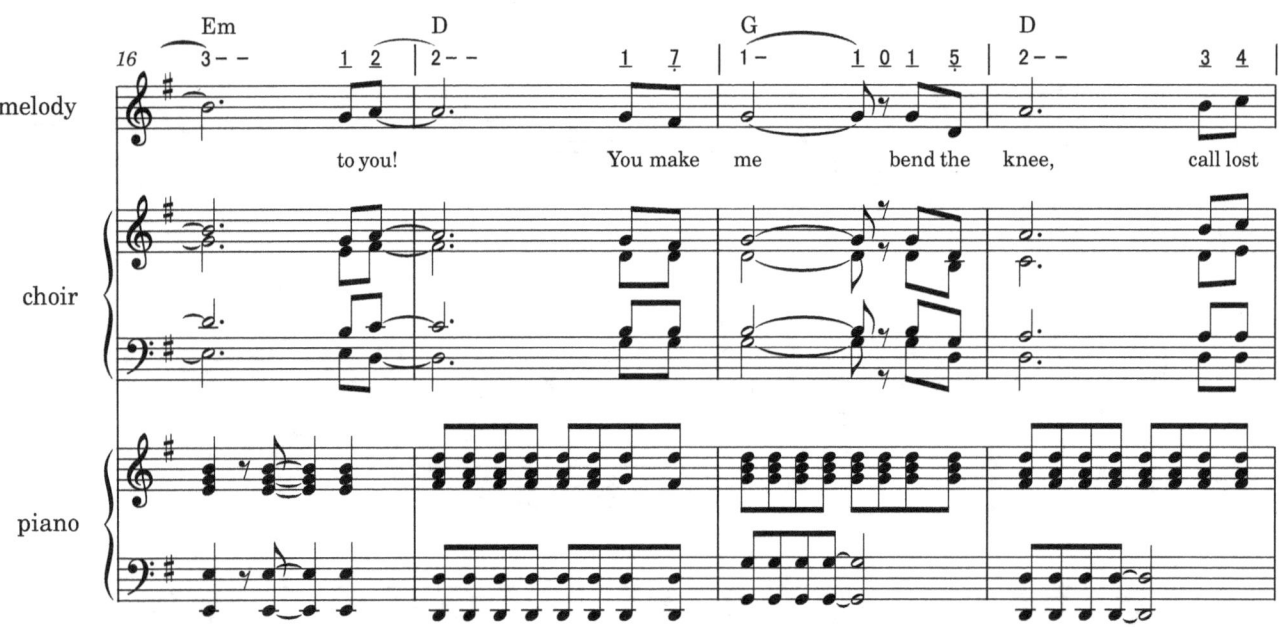

版权所有 © 2022 GlossaHouse / CCLI # 7205138

- Indeed, It's You 4 -

版权所有 © 2022 GlossaHouse / CCLI # 7205138

Indeed, It's You
(1/2)

简思德

G major   4/4   ♩ = 110

G   D   Em   C   G/D

①
     G   **D**
Who is Most High King, a - bove everything,

     Em   **C**
Made all things in beauty?

     G   **D**
Though equal with God, your feet tread our sod,

 Em   **D**
In true humility!

CHORUS (next page)

②
Who entered this earth,
   in most humble birth,
Made choirs of angels sing?
Though to your own came,
   rejected in shame,
Messiah, Christ our king!

③
Who as Prince of Peace,
   healed every disease,
Made hell-bound demons flee?
Though by God acclaimed,
   was by men defamed.
The cross you bore in grief!

④
Who bursts from the grave,
   breaks death's chains to save,
Alone deserves our praise?
Though nail marks remain,
   salvation is gained,
We'll worship endless days!

版权所有 © 2022 GlossaHouse / CCLI Song # 7205138

Indeed, It's You
(2/2)

G major   4/4   ♩ = 110

CHORUS

      G   **D**   **Em**   **C**
Indeed, indeed, indeed, it's you!

      G   **D**   **Em**   **D**
Indeed, my king, I sing to you!

      G   **D**   **Em**   **C**
You make me bend the knee, call lost sheep to you!

  G/D   **D**   **G**
In - deed, Je - sus, it's you!

怎能如此

也要凭爱心行事，正如基督爱我们，为我们舍了自己，当作馨香的供物，和祭物，献与神。
以弗所书 5:2

词、取：简思德
编曲：陈明昌

怎能如此
(1/2)

简思德

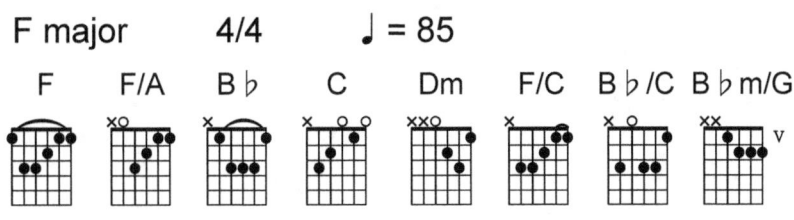

①
     F

怎能如此，神那么深地爱我，

    F/A   B♭   C

差祂爱子，从天降临受难？

    F   Dm

何等怜悯，愿意舍己来救赎，

B♭ F/C B♭/C F

迷失之羊，背负罪的重担！

副歌（下一页）

②
怎能如此，神那无穷的荣光，
差祂圣灵，成救恩的凭据？
何等奥秘，创造万物的主宰，
充满选民，与新创造同住！

③
怎能如此，主受各族的敬拜，
差祂子民，一生鞠躬尽瘁？
何等委身，爱让人无法测度，
伤了蛇头，释放堕落人类！

版权所有 © 2022 GlossaHouse / CCLI Song # 7205142

怎能如此
(2/2)

F major   4/4   ♩ = 85

副歌

     F   B♭
怎能如此？怎能如此？

     F   Dm B♭   C
完全圣洁的神接纳悖逆罪人！

     F   B♭
怎能如此？怎能如此？

B♭m/G   F   B♭/C F
     我竟蒙了神永恒恩典！

我是谁？

于是大卫王进去，坐在耶和华面前，说，主耶和华啊，我是谁。我的家算什么。你竟使我到这地步呢？

撒母耳记下 7:18

词、曲：简思德
编曲：陈明昌

版权所有 © 2022 GlossaHouse / CCLI # 7207197

我是谁？

(1/2)

简思德

E♭ major   4/4   ♩ = 80

E♭ Gm A♭ B♭ Cm

副歌

　　　　E♭　　　　　Gm
我是谁，哦主？我是谁？

A♭　　E♭　　　A♭　　B♭
我何德被祢拣选？我何能对祢赞美？

　　　　A♭　　B♭　　　E♭
谁知多愚昧？谁知多污秽？

　　　A♭　B♭　　　E♭
哦主，　　我是谁？

①　　　E♭　　　Gm
耶和华，祢鉴察我，认识我。

A♭　　E♭　　A♭　　B♭
我坐下，我起来，祢都晓得。

　　　A♭　　B♭　　Gm　　Cm
悖逆的我会跟随，求祢洗净我的罪。

　　　A♭　　B♭　　E♭
我仍想问祢，主，　我是谁？

第二至第三段（下一页）

我是谁？
(2/2)

E♭ major   4/4   ♩ = 80

②
耶和华，祢鉴察我，认识我。
我行路，我躺卧，祢都细察。
枯骨的我能复活，求圣灵快改变我。
我仍想问祢，主，我是谁？

③
耶和华，祢鉴察我，认识我。
我漂洋，我升天，祢都同在。
客旅的我走天路，求鉴察内心深处。
我仍想问祢，主，我是谁？

我要跟随祢

(1/2)

简思德

F major　4/4　♩ = 110

F　C　Dm　B♭　Am　Gm　Csus4

①

F　　　**C**
耶稣基督：全世界主，

Dm　　　**B♭**
神的羔羊，万民盼望！

Am Dm B♭　　**Gm**　　　**C**
耶　稣，祢呼叫我名！

　　　F　　　**C**
祢赦免我罪，我不再羞愧，

Dm　　　**B♭**
祢赐自由，抬起我头！

Am Dm B♭　　**Csus4**　　**C**
耶　稣，祢掌管我心！

副歌（下一页）

②
耶稣基督：全世界主，
神的羔羊，万民盼望！
耶稣，祢呼召我去！
使人作门徒，教祢所吩咐，
给人施浸，宣告福音！
耶稣，崇高荣耀主！

③
耶稣基督：全世界主，
神的羔羊，万民盼望！
耶稣，祢召唤我来！
我现在敬拜，持续到将来，
在宝座前，见祢荣面！
耶稣，全宇宙主宰！

我要跟随祢

(2/2)

F major   4/4   ♩ = 110

副歌

F　　　　C
我要跟随祢！

　　　Dm　　　B♭
我要全心跟随祢！

　　　F　　　　C
每一时刻都愈坚定

　　B♭　　　　C
赞美敬拜祢圣名！

　　　F　　　　C
我要遵守祢呼召！

　　　Dm　　　B♭
祢是我唯一倚靠！

　　　F　　　　C
即使疑虑丛生，

　　　Am　　　Dm
邪恶不能得逞！

　B♭　　C　　Dm
我要跟　随祢！

　　　Gm　　C　　F
一生一世跟　随祢！

版权所有 © 2022 GlossaHouse / CCLI Song # 7207178

I Will Follow You

And Jesus said to them, "Follow me, and I will make you become fishers of men."
Mark 1:17

lyrics, melody: Scott N. Callaham
arrangement: Ivan Tangkulung

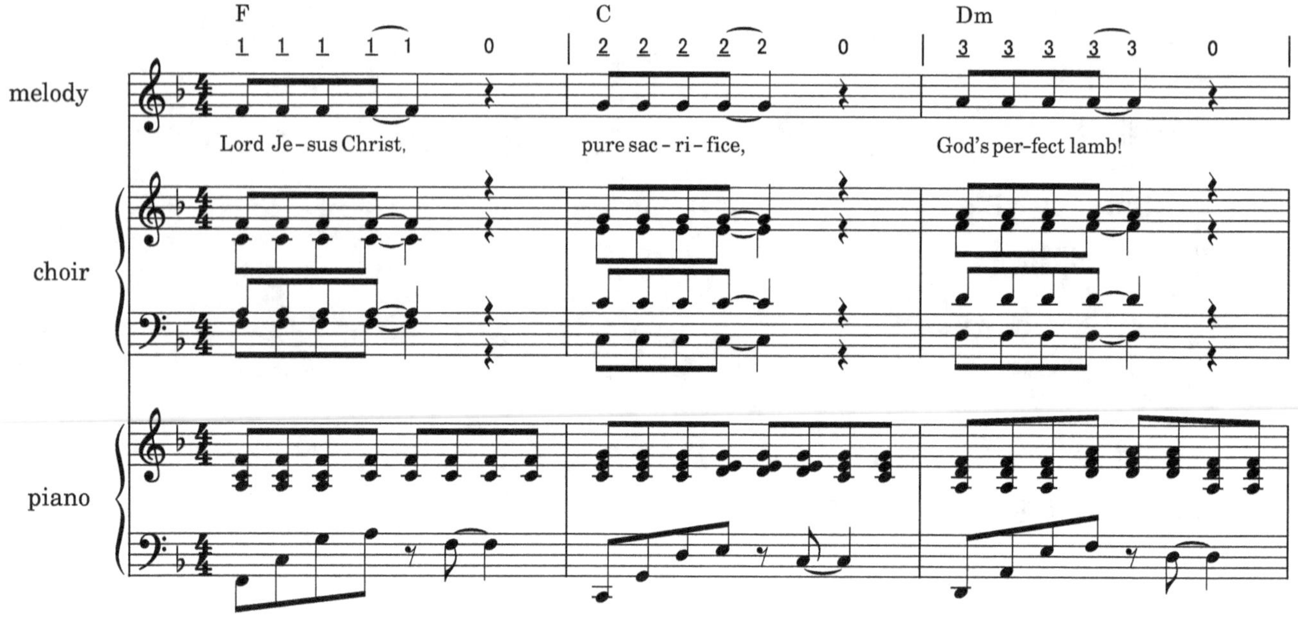

- I Will Follow You 2 -

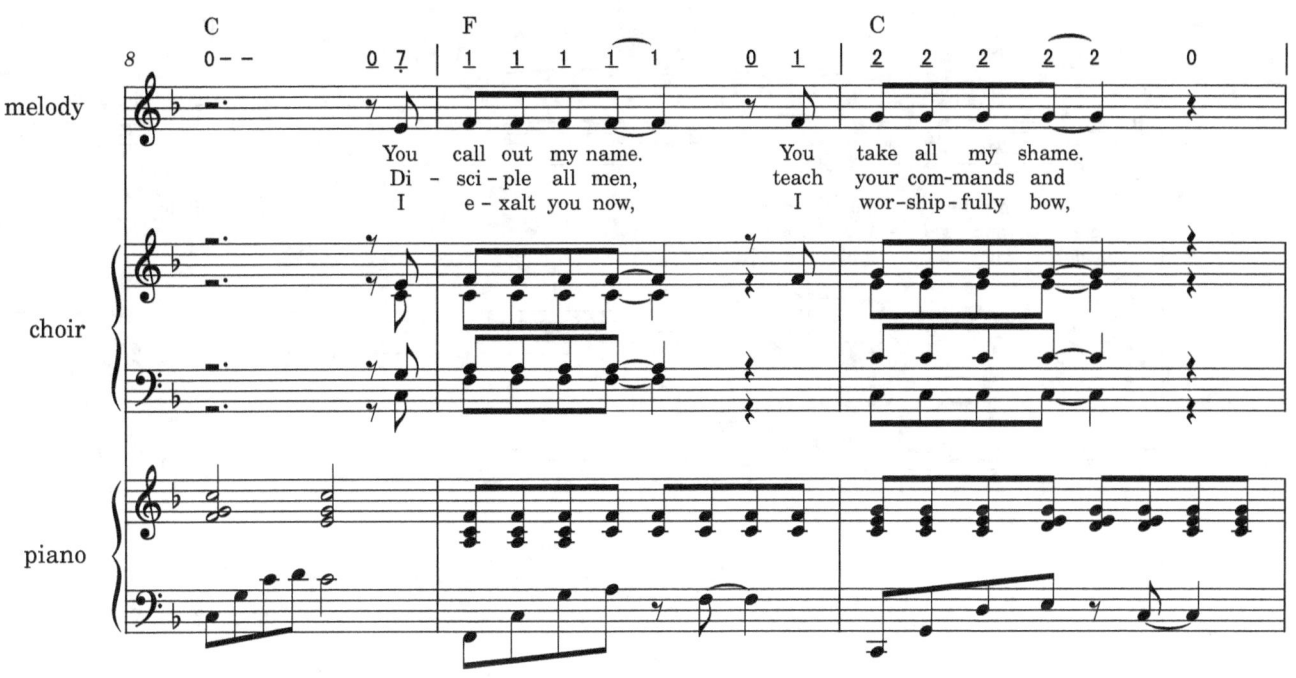

- I Will Follow You 3 -

- I Will Follow You 4 -

- I Will Follow You 5 -

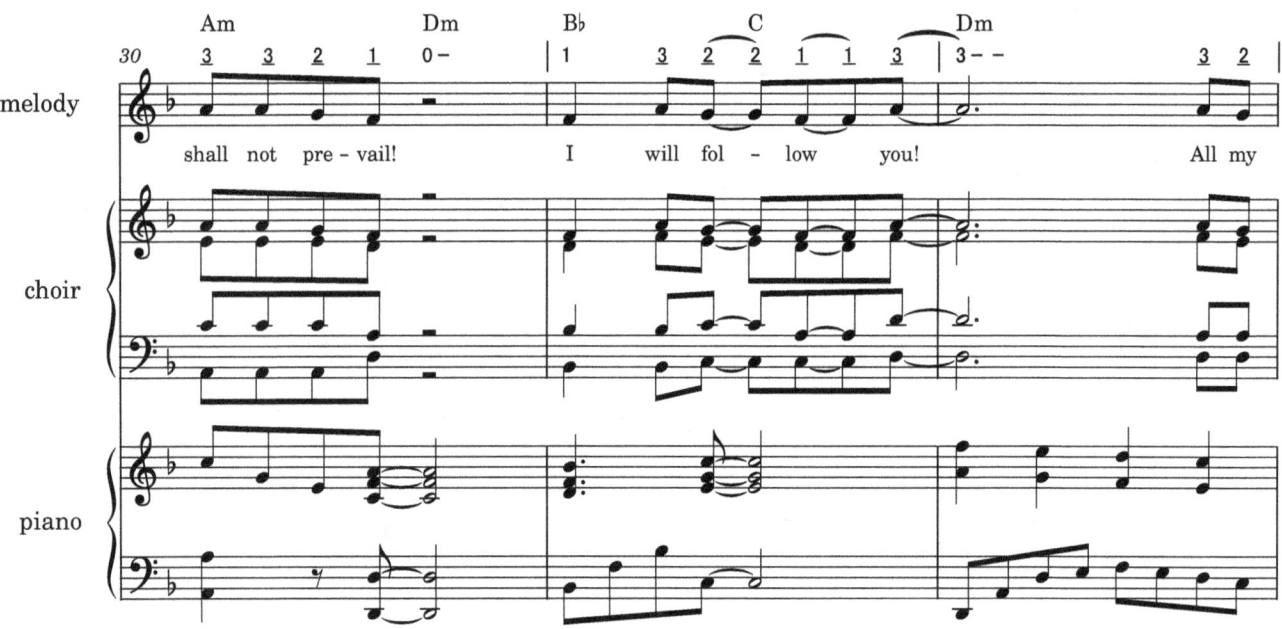

- I Will Follow You 6 -

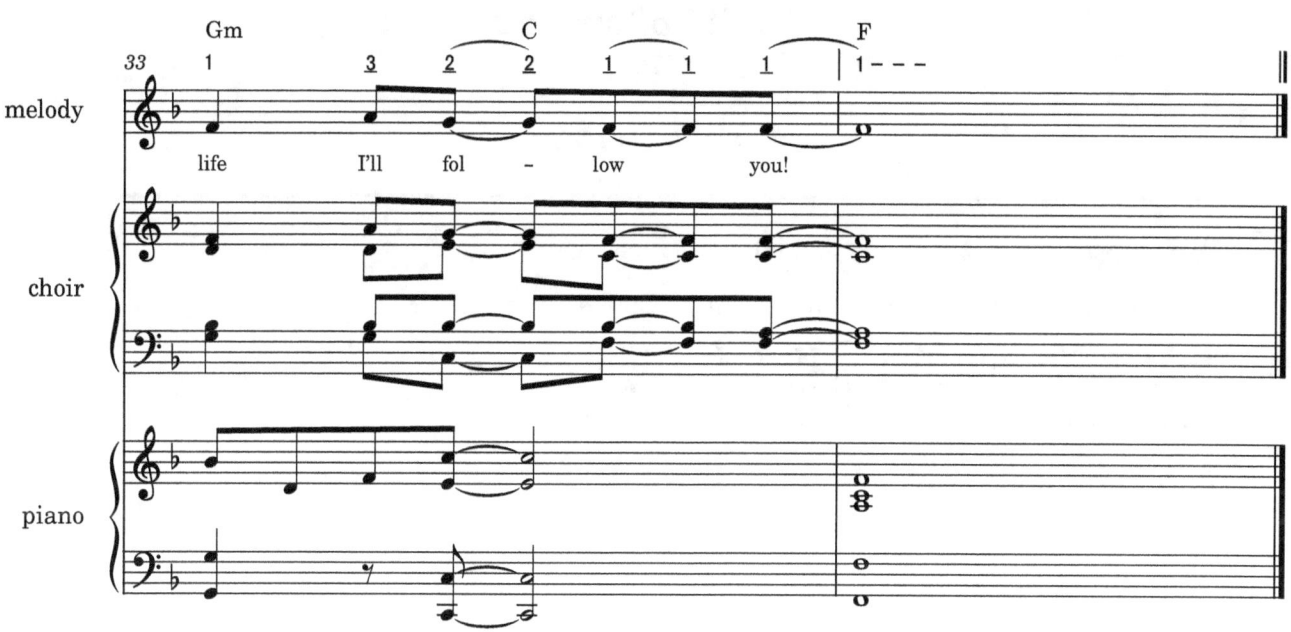

I Will Follow You
(1/2)

Scott N. Callaham

F major   4/4   ♩ = 110

F   C   Dm   B♭   Am   Gm   Csus4

①

F   **C**

Lord Jesus Christ, pure sacrifice,

Dm   **B♭**

God's perfect lamb! Nations be glad!

Am Dm B♭   **Gm**   **C**

Je - sus, my sin you atone!

      F   **C**

You call out my name. You take all my shame.

Dm   **B♭**

You set me free: true liberty!

Am Dm B♭   **Csus4**   **C**

Je - sus, all my heart you own!

CHORUS (next page)

②
Lord Jesus Christ, pure sacrifice,
God's perfect lamb! Nations be glad!
Jesus, you call me to go!
Disciple all men, teach your commands and
Preach and baptize! Open my eyes!
Jesus, make your glory known!

③
Lord Jesus Christ, pure sacrifice,
God's perfect lamb! Nations be glad!
Jesus, you call me to come!
I exalt you now, I worshipfully bow,
Before your throne, to you alone!
Jesus, God's eternal Son!

I Will Follow You
(2/2)

F major   4/4   ♩ = 110

CHORUS

F   **C**
I will follow you!

     Dm   **B♭**
Yes, Lord! I will follow you!

F   **C**
Every moment in every day,

 B♭   **C**
I will praise your holy name!

   F   **C**
I will answer your clear call!

  Dm   **B♭**
Lord, you are my all in all!

     F   **C**
Though great doubts may assail,

Am   **Dm**
Evil shall not prevail!

B♭ **C** **Dm**
I will follow you!

   Gm **C** **F**
All my life I'll follow you!

我要赞美我救赎主

我真是苦啊，谁能救我脱离这取死的身体呢？
罗马书 7:24

词、曲：简思德
编曲：陈明昌

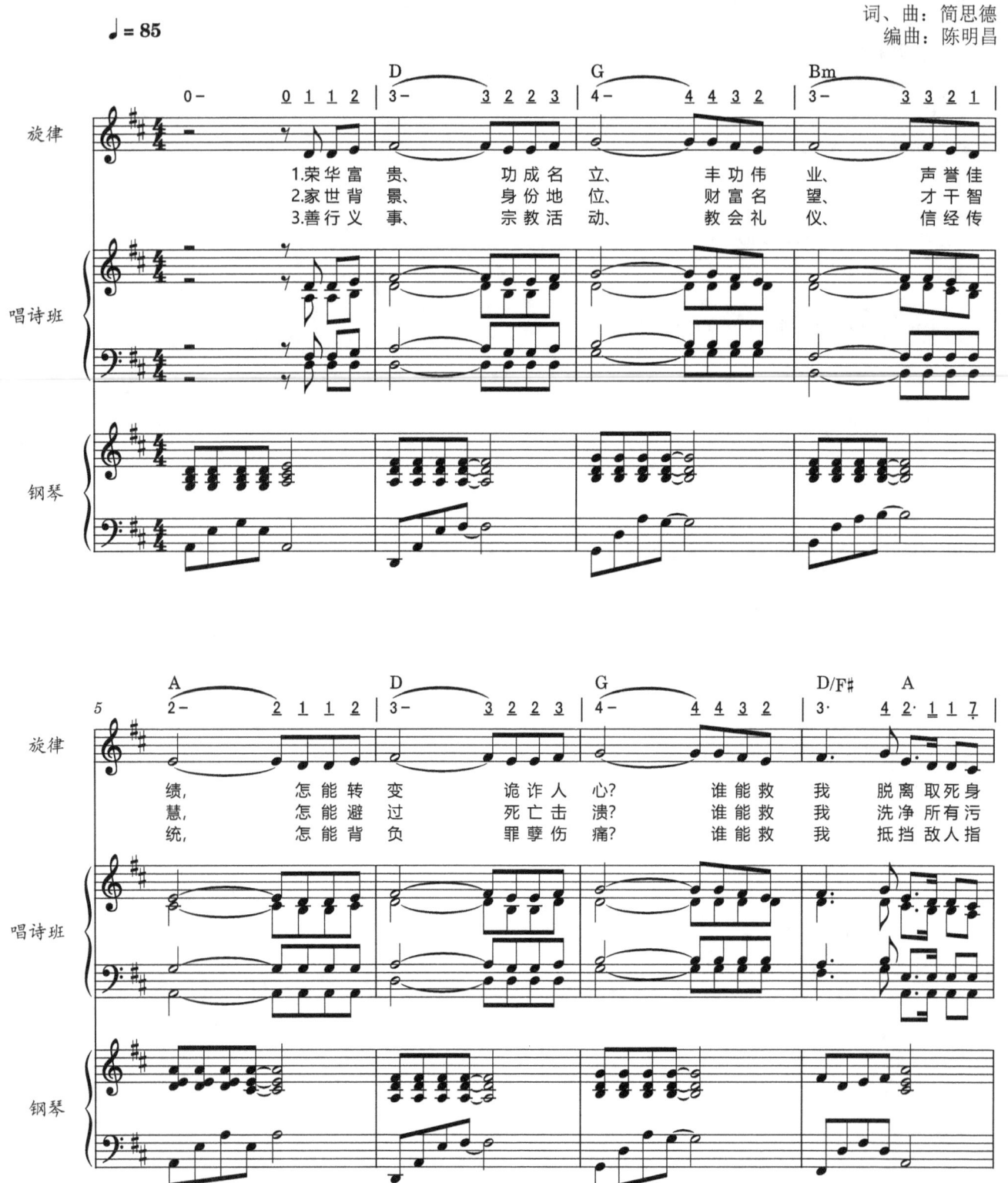

- 我要赞美我救赎主 2 -

版权所有 © 2022 GlossaHouse / CCLI # 7207213

— 我要赞美我救赎主 3 —

62

我要赞美我救赎主
(1/2)

简思德

D major　　4/4　　♩ = 85

D　G　Bm　A　D/F#　Em　D/A

①
　　　　D　　　　G
荣华富贵、功成名立、
　　　　Bm　　　A
丰功伟业、声誉佳绩，
　　　　D　　　　G
怎能转变诡诈人心？
　　　　D/F#　A　　D
谁能救我　脱离取死身体？

副歌（下一页）

②
家世背景、身份地位、
财富名望、才干智慧，
怎能避过死亡击溃？
谁能救我洗净所有污秽？

③
善行义事、宗教活动、
教会礼仪、信经传统，
怎能背负罪孽伤痛？
谁能救我抵挡敌人指控？

版权所有 © 2022 GlossaHouse / CCLI Song # 7207213

我要赞美我救赎主

(2/2)

D major　　　4/4　　　♩ = 85

副歌

　　　D　　G　D
我要赞美我救赎主！

　　　D　　Bm　　Em　　A
唯有祂配得整颗心，我委身献出！

　　　D　　G　　D　　　Bm
唯有祂的拯救能打破罪的咒诅！

　　　D/A　　A　　D
我要赞美耶稣基督！

我不得不赞美祢的圣名

我的口要说出赞美耶和华的话。惟愿凡有血气的，都永永远远称颂他的圣名。
诗篇 145:21

词、曲：简思德
编曲：陈明昌

- 我不得不赞美祢的圣名 2 -

我不得不赞美祢的圣名
(1/2)

简思德

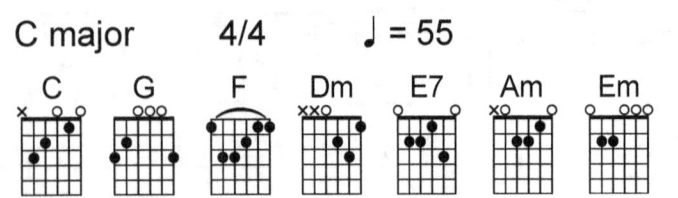

①
    C   **G**
阿爸父神，伟大上帝，

   F   **G**
我不得不赞美祢的圣名！

    Dm **E7**   **Am**
不禁称扬，　不由敬拜，

   F   **Am**   **G**
我不停息感谢无穷慈爱！

副歌（下一页）

②
我的力量，我的诗歌，
我承认我心肠充满罪恶！
求祢赦免，求祢清空，
让我在祢圣殿不断歌颂！

③
我的亮光，我的拯救，
我感谢祢除灭我的诅咒！
我有自由，我有平安，
得以在万国万邦中颂赞！

④
我的岩石，我的山寨，
我献给祢我计划和未来！
祢真信实，祢真公义，
传扬祢福音是我的荣幸！

⑤
阿爸父神，伟大上帝，
我不得不赞美祢的圣名！
不禁称扬，不由敬拜，
我不停息感谢无穷慈爱！

我不得不赞美祢的圣名

(2/2)

C major　　　4/4　　　♩ = 55

副歌

　　C　　G　　Am　F
我不得不赞美祢圣名！

　　C　　G　　Am　Em
祢拯救我，祢救赎我灵！

　　F　　G　　Am　F
祢是我存在的目的！

　　Dm　　G　　　C F C
我不得不赞美祢的圣名！

灵修歌

- 灵修歌 2 -

灵修歌
(1/2)

简思德

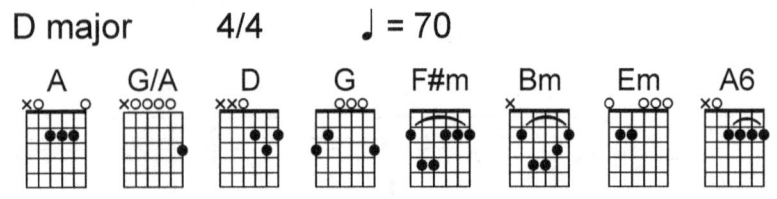

D major　　4/4　　♩ = 70

A　G/A　D　G　F#m　Bm　Em　A6

①
A　G/A　D　　　A
　　天父，我今来敬拜祢，
　　　G　　　　　　D
在这个安静的时刻，求告祢名。
　　　G　　　A　　　F#m　　　Bm
愿祢的福音遍及万民，愿祢的荣耀充满全地！
　　D　　G　A　D
天父，我今来敬拜祢！

副歌（下一页）

②
天父，我今认罪悔改，
在这个安静的时刻，承认失败。
愿祢的圣洁将心敞开，
愿祢的饶恕医治伤害！
天父，我今认罪悔改！

③
天父，我今献上感恩，
在这个安静的时刻，表达心声。
愿祢得我们信实见证，
愿祢得颂赞直到永恒！
天父，我今献上感恩！

④
天父，我今向祢恳求，
在这个安静的时刻，举起双手。
愿祢垂听真心的祈求，
愿祢旨意行在全宇宙！
天父，我今向祢恳求！

版权所有 © 2022 GlossaHouse / CCLI Song # 7207208

灵修歌

(2/2)

D major   4/4   ♩ = 70

副歌

     D   A
我属于祢，哦主！

     F#m Bm
一切为祢，天父！

   G Em A
我今献上祷告！

    D A   F#m Bm
全能永在的主，谦卑呼求 天父，

   G A6 D
求主应允祷告！

我是个敬拜者

所以弟兄们，我以神的慈悲劝你们，将身体献上，当作活祭，是圣洁的，是神所喜悦的。你们如此事奉，乃是理所当然的。
罗马书 12:1

词、曲：简思德
编曲：陈明昌

我是个敬拜者

简思德

C major　4/4　♩ = 80

C　F　G　Am　Dm

副歌

C　F　G　　Am　　F　G
我是个敬拜者。主，我只敬拜祢。

C　F G　Am　F　G　C
世界任何喜乐无法与祢相比！

①

　F　　G　　C
我声音扬起来荣耀祢，

　　Dm　　G　　C
高声赞美心满意足。

　F　　G　　C　　Am
天父旨意是我心所系，

　　Dm　　　　G
使用我传扬祢话语！

②
我双手献上来服侍祢，
行为举止愿像耶稣。
圣灵光照事奉的生命，
感动我为了祢付出！

③（唱第三段之后，再次唱副歌）
我自己降服来彰显祢，
一生期盼祢的塑造。
天父慈悲使我成活祭，
全心我顺服祢呼召！

求祢更新我

他便救了我们,并不是因我们自己所行的义,乃是照他的怜悯,借着重生的洗,和圣灵的更新。
提多书 3:5

求祢更新我
(1/2)

简思德

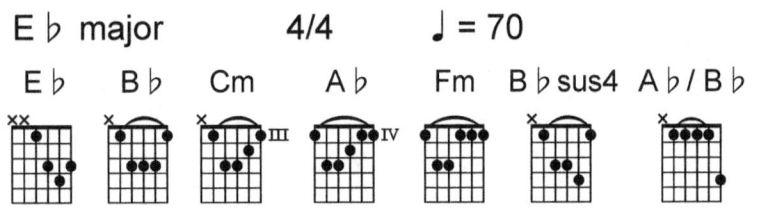

E♭ major   4/4   ♩ = 70

①

  E♭ B♭ Cm

哦神求祢更新　我的信心，

  A♭   Fm B♭

因唯有祢配得我所有的忠诚和赞美！

  E♭ B♭ Cm

哦神求祢加增　我的信心，

  A♭ F A♭ B♭

愿我完全讨厌，彻底拒绝罪恶的污秽！

副歌（下一页）

②
哦神求祢更新我的心思，
因祢意念远远高过我最善良的意念！
哦神求祢训练我的心思，
愿我总是跟随，一直依靠主直到永远！

③
哦神求祢更新我的心灵，
因祢爱我祢差圣灵陪伴生命的旅途！
哦神求祢安慰我的心灵，
愿我永不害怕，忠实服侍荣耀我救主！

求祢更新我
(2/2)

E♭ major　　　4/4　　　♩ = 70

副歌

　　　A♭　Fm　B♭
求祢更　新　我！

　　　E♭　B♭　Cm
圣灵充　满　我！

　　A♭　　Cm　Fm　Cm　B♭sus4
愿祢的仆　人不断彰显祢！

　　　A♭　　　Fm　　　A♭　　　A♭/B♭
好让每一思想、每一句话、每一时刻、每一行为

　　A♭　Cm　B♭　　　E♭
都　成　就祢的旨意！

- 为孩子的祷告 2 -

版权所有 © 2022 GlossaHouse / CCLI # 7207150

- 为孩子的祷告 3 -

为孩子的祷告
(1/2)

简思德

C major　　4/4　　♩ = 70

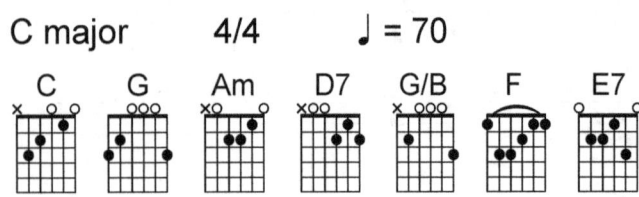

①
C G C　　G Am　D7 G
亲爱天父，祢仆人此时祷告。

　C　　G　　C　　G
想为我的孩子寻求祢荣面。

　C　G/B Am　　C G C
他生命这个恩赐实在奇妙。

副歌（下一页)

②
耶稣基督，请牵引他认信祢。
一生学习反思爱神及爱人。
愿他热情服侍祢殚精竭力。

③
真理圣灵，求祢充满我孩子。
激励他当圣洁成为光和盐。
引领人与神和好同作后嗣。

④（唱第四段之后，不要唱副歌)
全能上帝，祢仆人此时祷告。
想为我的孩子寻求祢荣面。
他生命这个恩赐实在奇妙。

为孩子的祷告
(2/2)

C major　　　4/4　　　♩ = 70

副歌

F　C　G　C
唯祢给人体气息，

F　C　Am G
唯祢造新心新灵，

F　C　E7　Am
唯祢立复活承诺。

　　F　　G　　Am
哦主啊来怜悯我！

　　F　　G　　C
好牧人请垂听我！

无法测透的慈爱

求你使你的脸光照仆人，凭你的慈爱拯救我。
诗篇 31:16

词、曲：简思德
编曲：陈明昌

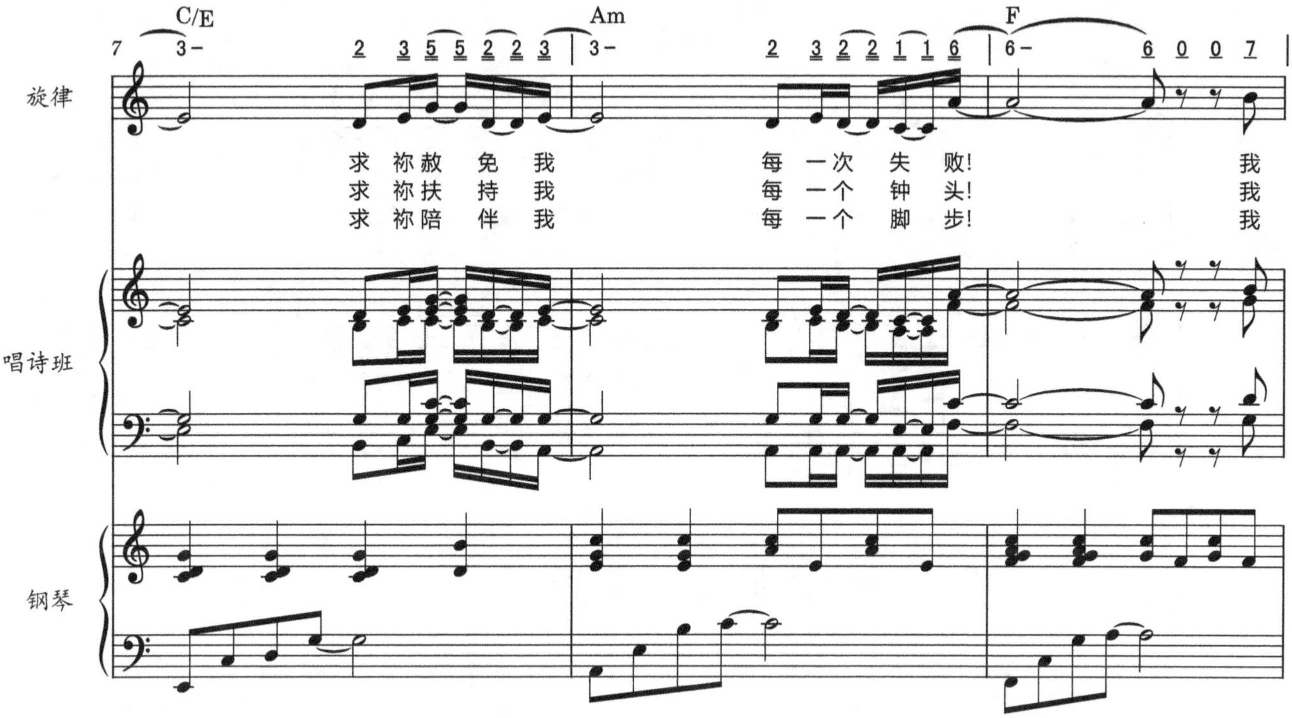
C/E
Am
F
旋律
求 祢赦 免 我 每 一次 失 败! 我
求 祢扶 持 我 每 一个 钟 头! 我
求 祢陪 伴 我 每 一个 脚 步! 我
唱诗班
钢琴

Am
F
Am
C/G
旋律
不 配得 饶 恕, 但 恩典遮 盖 我。 请 保 守我 耶 稣, 请 打
不 配得 服 侍, 但 祢 看透 内 心。 请 使 用我 资 质, 请 高
不 配得 证 道, 但 祢 已经 差 遣。 请 透 过我 宣 告, 请 显
唱诗班
钢琴

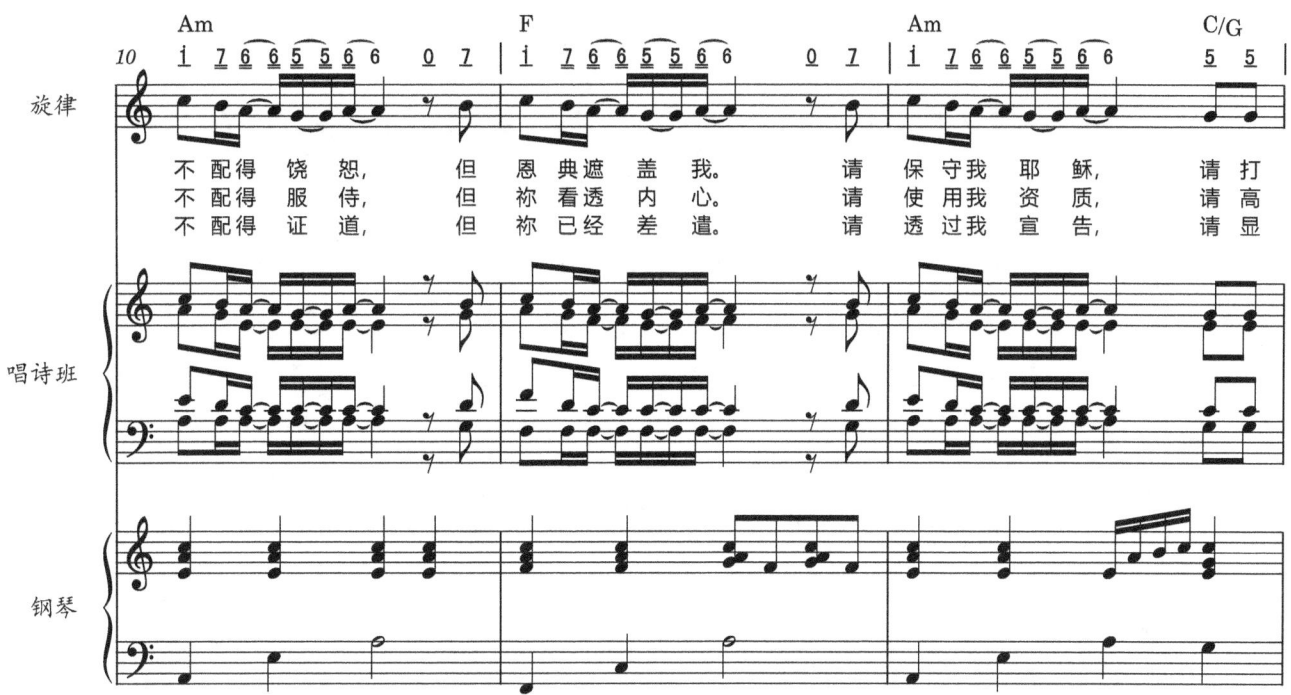

无法测透的慈爱

(1/2)

简思德

C major　　4/4　　♩ = 80

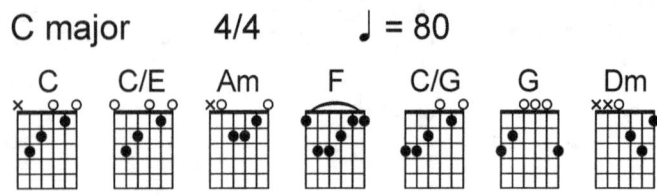

①

　　　C　　　　　C/E　　　　Am　　　　F

哦神，祢仆人前来，来到祢面前，只希望敬拜。

　　　C　　　　　C/E　　　　Am　　　　F

哦神，我认罪悔改，求祢赦免我　每一次失败！

　　　Am　　　　　F

我不配得饶恕，但恩典遮盖我。

　　　Am　　　　C/G F　　G

请保守我耶稣，请打破罪枷锁！

副歌（下一页）

②

哦神，祢仆人聆听，听祢的呼召，只愿意遵行。
哦神，我能力不够，求祢扶持我每一个钟头！
我不配得服侍，但祢看透内心。
请使用我资质，请高举祢圣名！

③

哦神，祢仆人出行，行这趟旅程，只想跟随祢。
哦神，我走这条路，求祢陪伴我每一个脚步！
我不配得证道，但祢已经差遣。
请透过我宣告，请显出祢荣耀！

无法测透的慈爱
(2/2)

C major   4/4   ♩ = 80

副歌

    C   F   Am
哦神，祢的慈爱　无法测透！

        C/E   F
激发敬拜，令我昂首！

G C   F   Am
哦神，愿祢圣灵　点燃热情，

      F   G   C
浇灌生命，改变　我心！

G Am C/G F   C/E Dm G C
哦神，愿我全生命　荣　耀　祢！

神啊，请荣耀祢的圣名

主我的神啊，我要一心称赞你。我要荣耀你的名，直到永远。
诗篇 86:12

词、曲：简思德
编曲：陈明昌

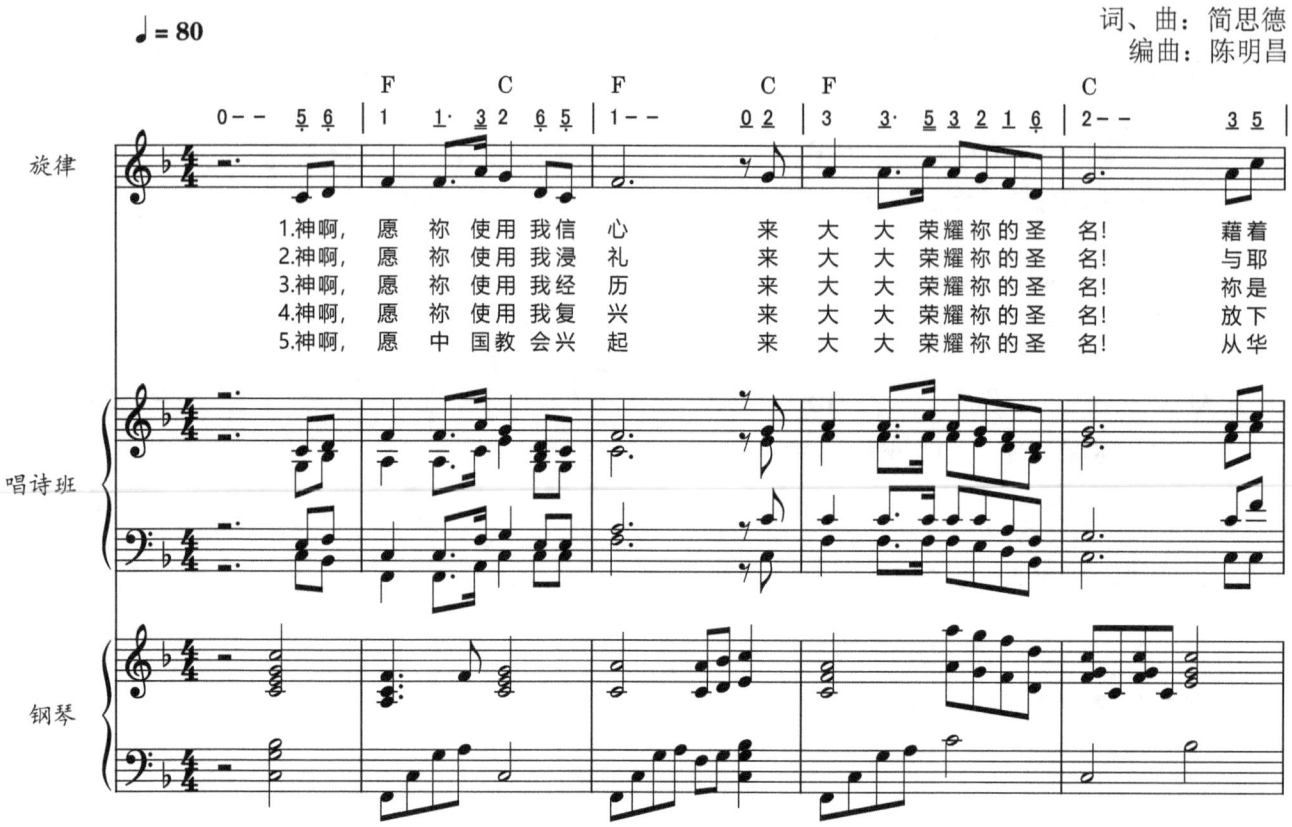

1. 神啊，愿祢使用我信心　来大大荣耀祢的圣名！藉着
2. 神啊，愿祢使用我浸礼　来大大荣耀祢的圣名！与耶
3. 神啊，愿祢使用我经历　来大大荣耀祢的圣名！祢是
4. 神啊，愿祢使用我复兴　来大大荣耀祢的圣名！放下
5. 神啊，愿中国教会兴起　来大大荣耀祢的圣名！从华

版权所有 © 2022 GlossaHouse / CCLI # 7207079

神啊，请荣耀祢的圣名

(1/2)

简思德

F major   4/4   ♩ = 80

F   C   Dm   Gm

①
```
     F      C      F
```
神啊，愿祢使用我信心

```
C F             C
```
来大大荣耀祢的圣名！

```
    Dm      F      Gm      Dm
```
藉着信出死入生，全是因着祢救恩。

```
    Gm      C      F
```
神啊，请荣耀祢的圣名！

副歌（下一页）

②
神啊，愿祢使用我浸礼
来大大荣耀祢的圣名！
与耶稣一同埋葬，与基督复活一样。
神啊，请荣耀祢的圣名！

③
神啊，愿祢使用我经历
来大大荣耀祢的圣名！
祢是我唯一愿望，向祢旨意全开放。
神啊，请荣耀祢的圣名！

④
神啊，愿祢使用我复兴
来大大荣耀祢的圣名！
放下所有的偶像，背起十字架刚强。
神啊，请荣耀祢的圣名！

⑤
神啊，愿中国教会兴起
来大大荣耀祢的圣名！
从华人扩至万民，宣告宝贵的福音。
神啊，请荣耀祢的圣名！

版权所有 © 2022 GlossaHouse / CCLI Song # 7207079

神啊，请荣耀祢的圣名
(2/2)

F major　　　4/4　　　♩ = 80

副歌

|Dm C　　　F　　　C|
哈利路　亚！赞美神，赞美主！

|Dm F　　　C|
哈利路　亚！我敬拜祢！

|Dm　F|
我甘起立举手，

|Gm　Dm|
我愿跪拜俯首！

|C　　　F|
神啊，请荣耀祢的圣名！

|C　　　F|
神啊，请荣耀祢的圣名！

我要赞美

死啊，你得胜的权势在哪里？死啊，你的毒钩在哪里？
哥林多前书 15:55

词、曲：简思德
编曲：陈明昌

哦 天 父, 怎 能 这 样？
1. 祢 赐 给 我 生 命。 祢
2. 祢 赐 给 我 救 赎。 祢
3. 祢 赐 给 我 信 心。 祢
4. 祢 赐 给 我 复 活。 祢

版权所有 © 2022 GlossaHouse / CCLI # 7207177

我要赞美
(1/2)

简思德

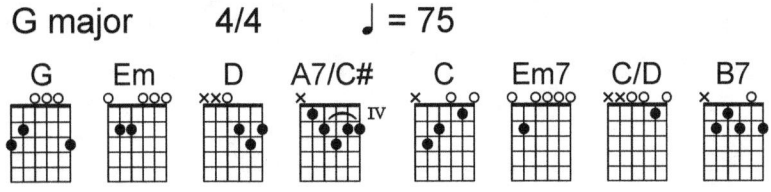

①
    G   Em D A7/C# D

哦天父，怎能这样？祢赐给我 生　　命。

    G   Em C D

祢话语从天而降，塑成我的身形。

   Em   C   G   D

吹生气进鼻孔里，将尘土变活人！

    G   Em7 C   C/D G

哦天父，我赞美祢，从如今到永远！

副歌（下一页）

②
哦天父，怎能这样？
祢赐给我救赎。
祢爱子从天而降，担走一切羞辱。
所有黑暗与仇敌，无法越祂威权！
哦天父，我赞美祢，从如今到永远！

③
哦天父，怎能这样？
祢赐给我信心。
祢圣灵从天而降，呼叫我的姓名。
让我快放下自己，来接受新心田！
哦天父，我赞美祢，从如今到永远！

④
哦天父，怎能这样？
祢赐给我复活。
祢宣告从天而降，死亡权势已破！
罪的毒钩在哪里？天地都要改变！
哦天父，我赞美祢，从如今到永远！

版权所有 © 2022 GlossaHouse / CCLI Song # 7207177

我要赞美
(2/2)

G major　　4/4　　♩ = 75

副歌

G　D　G　　　　Em
我赞美！我要赞美！

　　　C　　　G　　　C　　D
向全生命的主宰，我要赞美！

　　　C　　　G　　B7　　　Em
祢牧养我的灵！祢掌管我的心！

　　　　　G　　　　D
永远爱我主，祢是我天父！

　　　　　G
我要赞美！

版权所有 © 2022 GlossaHouse / CCLI # 7207199

每一瞬间，我敬拜祢
(1/2)

简思德

F major　　4/4　　♩ = 100

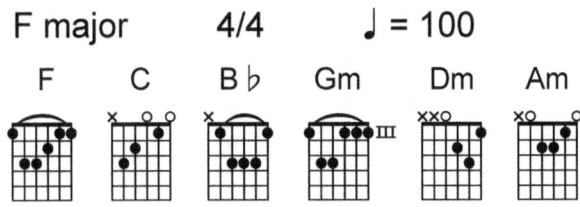

副歌

　　F C F　　B♭ Gm C　　Dm C F　　Am Dm C
每一时刻，每一　秒　钟，生命 气息，日夜　歌　颂，

　　F C F　　B♭ Gm C　B♭ F　　Dm C F
清早赞美，黑夜　祷　祈，每一瞬间，我敬　拜祢！

B♭ F　　　Dm C F
每一瞬间，我敬　拜祢！

①

F C F　B♭ F
使我口唱和散那，

F　Dm Am C
我心和哈利路亚。

F C F　B♭ F
愿赞美蒙祢悦纳！

　F　Dm　Am C F
日夜颂扬，祢真　伟大！

第二至第四段（下一页)

版权所有 © 2022 GlossaHouse / CCLI Song # 7207199

每一瞬间，我敬拜祢
(2/2)

F major　　　4/4　　　♩ = 100

②
使我脚行走义路，
每一脚步祢稳固。
愿到祢差我之处！
紧跟随祢，来亲近主！

③
使我手为祢触摸，
在幽暗痛苦角落。
愿圣灵来充满我！
带来医治、苏醒、复活！

④
使我心爱主迷羊，
在近邻或在远方。
愿我为祢的万邦
乐意舍己，反映真光！

唱第四段之后，再次唱副歌。

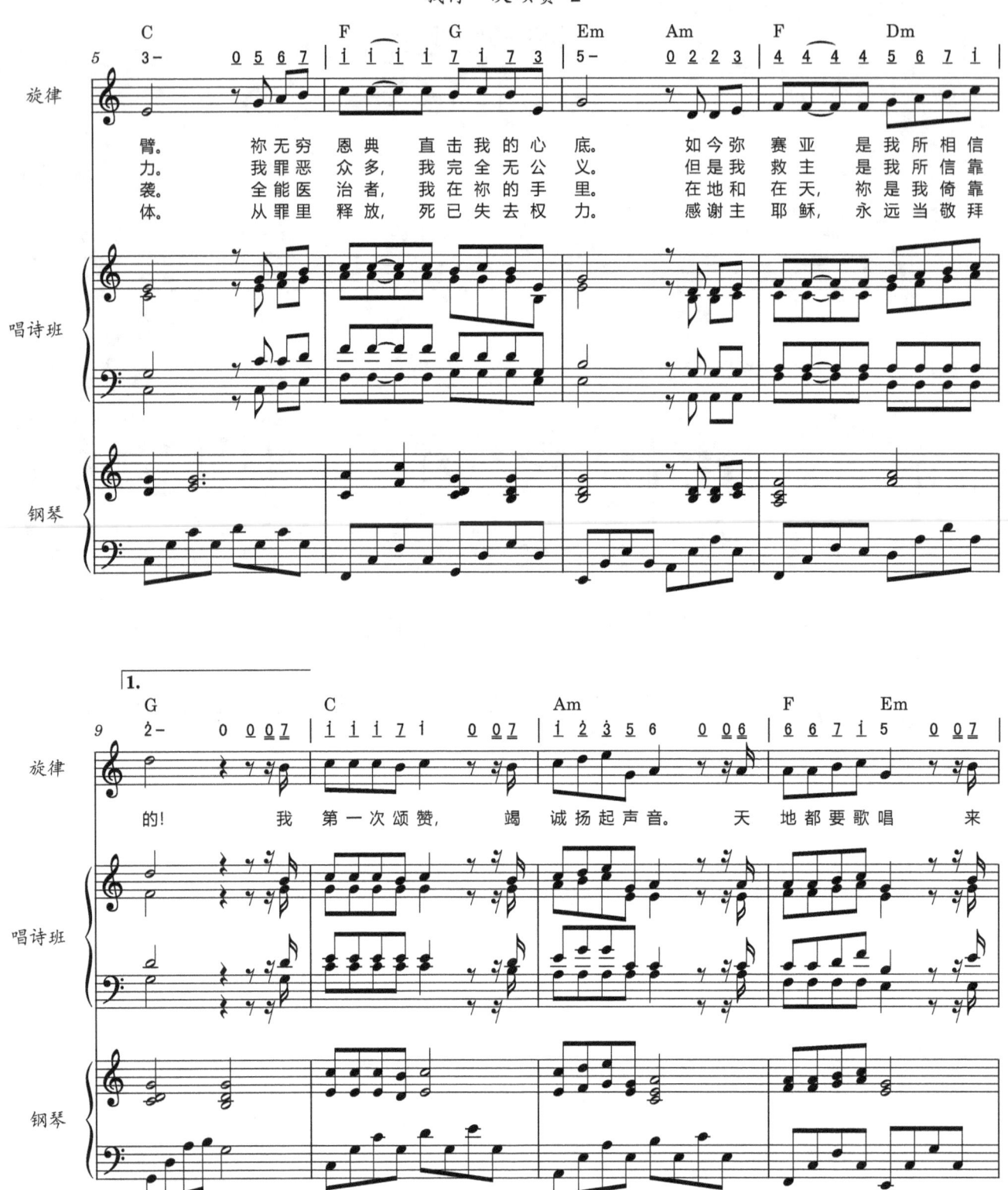

我再一次颂赞
(1/2)

简思德

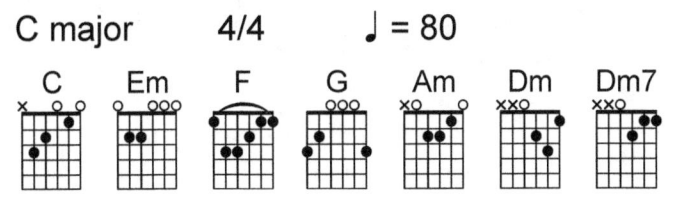

C major   4/4   ♩ = 80

①

     C   Em
在黑暗之中，我曾失迷，

      F   G   C
但祢伸出祢强力的膀臂。

      F   G   Em
祢无穷恩典直击我的心底。

Am   F   Dm   G
    如今弥赛亚是我所相信的！

副歌（第一段）

     C   Am
我第一次颂赞，竭诚扬起声音。

    F   Em Dm7   G
天地都要歌唱　来崇拜祢圣名！

    C   Am
每滴泪被擦去！每只手都高举！

    F   Dm G C
每个人都要一同赞美主！

我再一次颂赞
(2/2)

C major　　　4/4　　　♩ = 80

②
在试探当中面对仇敌，
就会提醒我真彻底无力。
我罪恶众多，我完全无公义。
但是我救主是我所信靠的！

③
在大绝望中我求告祢，
每当重病威胁猛烈侵袭。
全能医治者，我在祢的手里。
在地和在天，祢是我倚靠的！

④
在神国度中新天新地，
终于唤醒得到复活身体。
从罪里释放，死已失去权力。
感谢主耶稣，永远当敬拜的！

副歌（第二至第四段）

```
     C           Am
```
我再一次颂赞，竭诚扬起声音。

```
     F     Em    Dm7    G
```
天地都要歌唱　来崇拜祢圣名！

```
     C           Am
```
每滴泪被擦去！每只手都高举！

```
     F     Dm  G   C
```
每个人都要一同赞美主！

版权所有 © 2022 GlossaHouse / CCLI Song # 7207192

我会救赎你

简思德

D major   4/4   ♩ = 55

①
　　　D　Em G　D　 GA　D
当你还在　黑暗中，我寻找你。

　　　D　Em G　D　 GA　D
当你因着罪受极大伤痛，我寻找你。

　　D　G　A　　D　G　　Em　A
我会寻找你！我的圣约我永不废弃！

　　　　D　G　F#m Bm
孩子不要怕，只要 信，

　　　G　 A　 D
因我会寻找你。

②
尽管躲避我荣面，我寻见你。
没有人能够胜过我恩典，我寻见你。
我会寻见你！我的圣约我永不废弃！
孩子不要怕，只要信，
因我会寻见你。

③
也许经历大哀伤，我医治你。
凡世上痛苦在我掌控下，我医治你。
我会医治你！我的圣约我永不废弃！
孩子不要怕，只要信，
因我会医治你。

④
为荣耀我的圣名，我救赎你。
欢迎你终于来到我怀里，我救赎你。
我会救赎你！我的圣约我永不废弃！
孩子不要怕，只要信，
因我会救赎你。

版权所有 © 2022 GlossaHouse / CCLI Song # 7207081

神，我献上生命中的一切

耶稣又对众人说，若有人要跟从我，就当舍己，天天背起他的十字架来，跟从我。
路加福音 9:23

词、曲：简思德
编曲：陈明昌

神，我献上生命中的一切

(1/2)

简思德

C major　　4/4　　♩ = 50

C　G　F　Dm　Am　Em

副歌
C　　G　　F　　　C　　Dm
神，我献上生命中的一切，

　　　C　　F　　G
愿为祢放下自己，

C　　G　　F　　　C　　Am
一直信靠，不断呼喊感谢，

　　　F　　G　　C
神，我热爱敬拜祢！

①
F　　G　　C　　　Am　G　　Em
当我困在黑暗里，祢大力把我拽出。

F　　G　　C　　　　Am　C　　G
虽我亵渎全故意，祢竟倾倒爱如雨！

第二至第五段（下一页）

神，我献上生命中的一切

(2/2)

C major　　4/4　　♩ = 50

②
祢话语直击我心，令我无可再推诿。
我要跟随并受浸，终身尊主不违背！

③
所有计划和希冀，都上交在祢手里。
无论差我到何地，甘心顺服事奉祢！

④
惟愿忠爱我天父，时刻受管于圣灵。
日渐活像主耶稣，总见证贵重福音！

⑤
直等行完旅程时，待被唤醒见祢面。
再也没有罪与死，喜乐颂赞到永远！

尾声

F　　　G　Am
神我一切都给祢！

F　　　G　C
献上完整的生命！

— 我要顺服祢的带领 2 —

我要顺服祢的带领

(1/2)

简思德

C major   4/4   ♩ = 80

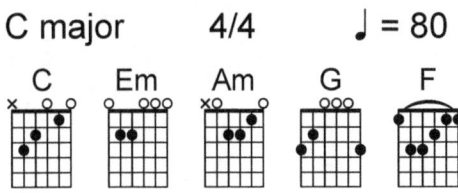

①
　　　　　C　　　Em
我要顺服祢的带领，

　　　　　Am　　　　G
尽管痛苦让我不再欢喜。

　　　　　C　　　　Am　 F　G　Am
每一脚步，每一口气，都交在祢手里！

　　F　 G　 C
都交在祢手里！

副歌（下一页）

②
我要顺服祢的智慧，
怎为世俗我竟与主作对。
所有抱负，所有思维，屈服于祢权威！
屈服于祢权威！

③
我要顺服祢的圣经，
纵使人不愿与我一同行。
但祢话语　让整颗心，彻底降服于祢！
彻底降服于祢！

④（唱第四段之后，不要唱副歌）
我要顺服祢的带领，
唯有祢，主，带来全然满意。
每一脚步，每一口气，都欣然献给祢！
都欣然献给祢！

我要顺服祢的带领
(2/2)

C major　　　4/4　　　♩ = 80

副歌

　　　　　C　　　　Am
我灵欢呼，因主耶稣

　　　　　F　　　　G
为我背负苦楚道路。

　　　　　C　　　　Am
怎敢放弃荣耀祢名？

　　　F　　G　C
愿献自己为祭！

昔在今在永在的主

主神说，我是阿拉法，我是俄梅戛，是昔在今在以后永在的全能者。
启示录 1:8

词、曲：简思德
编曲：陈明昌

— 昔在今在永在的主 2 —

昔在今在永在的主
(1/2)

简思德

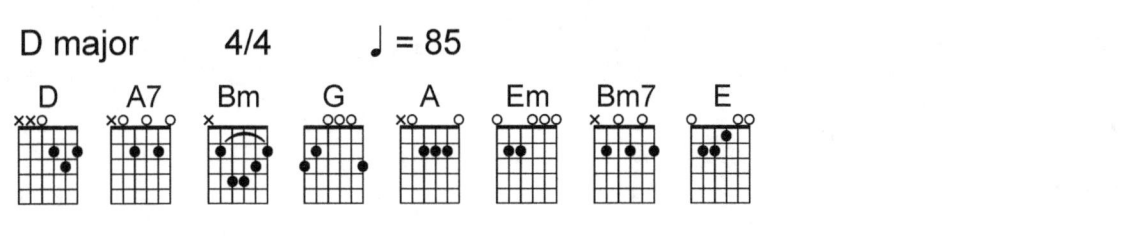

①
 D A7 D Bm
祢是我昔在的主。

   G D   Bm A
忧伤遗憾和悲痛，欢笑和心痛，

   D A7 Em Bm
都交在祢爱心之手里。

   G A G A D
我在宝座前向祢屈膝！

副歌（下一页）

②
祢是我今在的主。
捆索梦魇和恐惧，理想和抱负，
都要按祢美善的旨意。
我这一生中要敬拜祢！

③
祢是我永在的主。
天使天军和万物，万民和万族，
都赞美祢名永不止息。
我们嘴唇必颂赞不已！

版权所有 © 2022 GlossaHouse / CCLI Song # 7207183

昔在今在永在的主

(2/2)

D major　　　4/4　　　♩ = 85

副歌

　　　A　 D　　　　　Em
完整生命给祢，哦主耶稣！

　　　　Bm7　　　　A
昔在今在永在，祢总保护！

　　E A G　　A　　Em　　Bm
哦宝贵安慰泉源，带我到祢的身边。

　　　　G　　　D A D
我心爱慕祢，哦主耶稣！

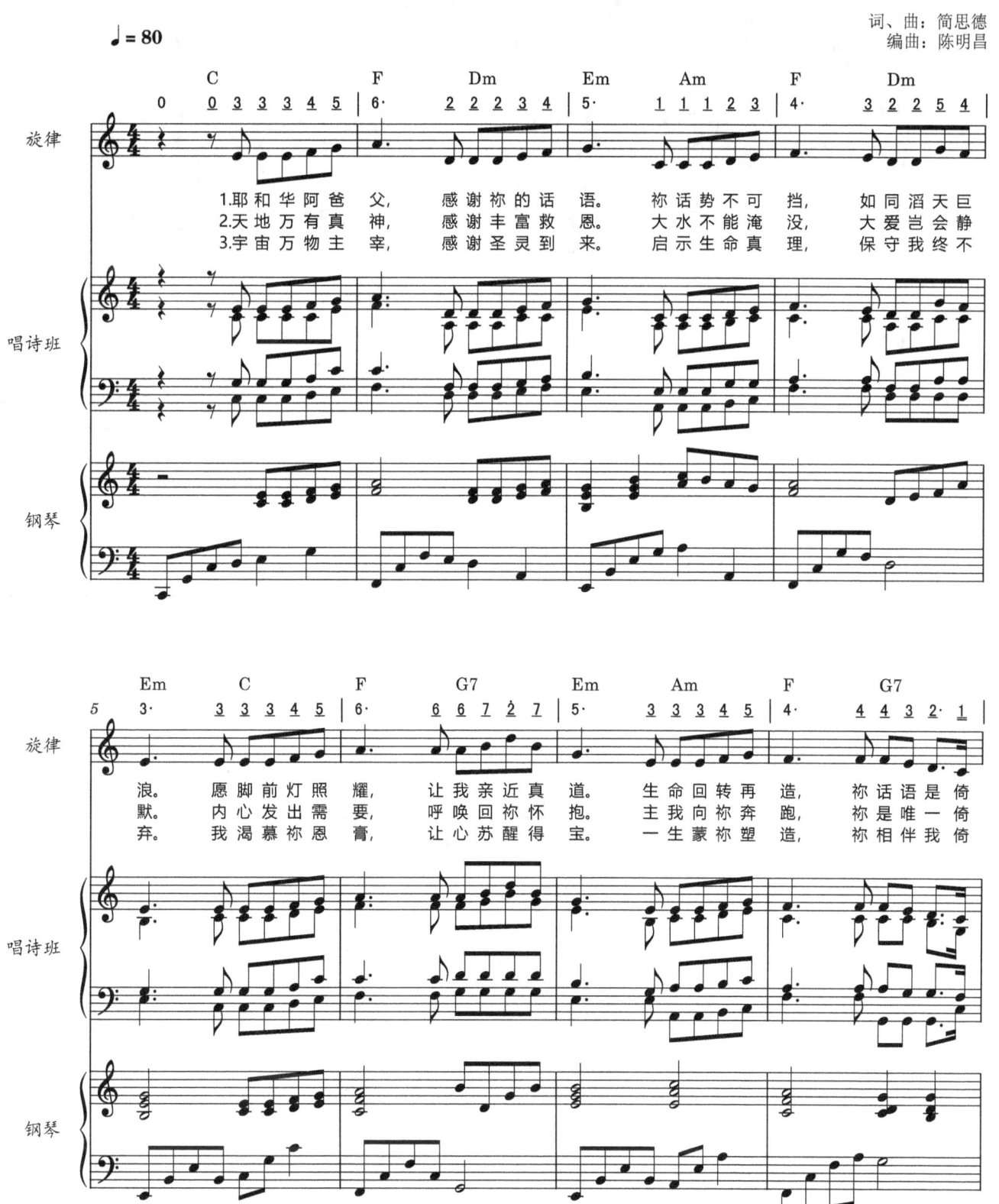

- 唯一倚靠 2 -

唯一倚靠
(1/2)

简思德

C major　　4/4　　♩ = 80

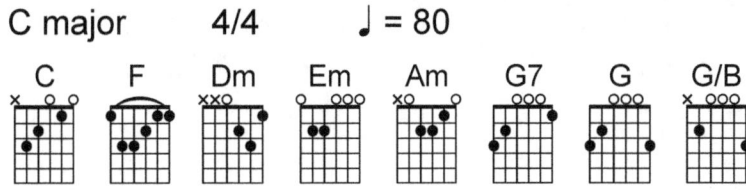

①
**　C　　　　F　　Dm　　Em**
耶和华阿爸父，感谢祢的话语。

**　Am　　F　　Dm　　Em**
祢话势不可挡，如同滔天巨浪。

**　C　　　F　　G7　　Em**
愿脚前灯照耀，让我亲近真道。

**　Am　　F　　G7　　C**
生命回转再造，祢话语是倚靠。

副歌（下一页）

②
天地万有真神，感谢丰富救恩。
大水不能淹没，大爱岂会静默。
内心发出需要，呼唤回祢怀抱。
主我向祢奔跑，祢是唯一倚靠。

③
宇宙万物主宰，感谢圣灵到来。
启示生命真理，保守我终不弃。
我渴慕祢恩膏，让心苏醒得宝。
一生蒙祢塑造，祢相伴我倚靠。

版权所有 © 2022 GlossaHouse / CCLI Song # 7207190

唯一倚靠
(2/2)

C major　　4/4　　♩ = 80

副歌

　　F　　Dm　　Em
哦主，我要向祢认罪，

　　Am　　F
离弃所有污秽，

　　Dm　　G
在炉灰中懊悔。

　　F　　G　　C
哦主，愿祢现在焚烧

G/B　Am　　F
　　凡自负和骄傲，

　G7　　C
哦我唯一倚靠。

- 大卫子孙啊，可怜我吧！3 -

版权所有 © 2022 GlossaHouse / CCLI # 7207145

139

大卫子孙啊，可怜我吧！

(1/2)

简思德

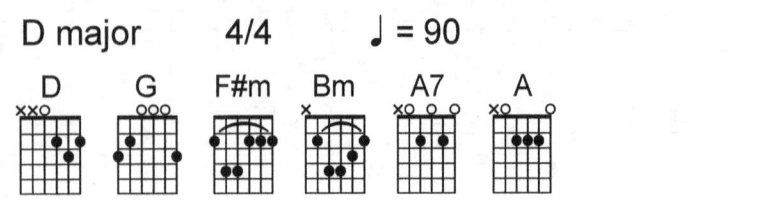

D major　4/4　♩ = 90

①
　　　D　　G　　F#m
耶稣愿祢医治我瞎眼！

　　　Bm　　A7　　D
叫我此刻都能得看见！

　　　D　　　　Bm
在幽暗之地，在深绝望里，

　　　D　　　　G A D
大卫子孙啊，可怜我吧！

副歌（下一页）

②
耶稣愿祢治愈我身体！
使我能够起来服侍祢！
不论疾何重，不管心多痛，
大卫子孙啊，可怜我吧！

③
耶稣愿祢改变我心思！
让我意念专于天上事！
当撒旦攻击，当罪恶侵袭，
大卫子孙啊，可怜我吧！

④
耶稣愿祢触摸我灵魂！
令我真正知道己愚钝！
便渴望主路，便立志顺服，
大卫子孙啊，可怜我吧！

版权所有 © 2022 GlossaHouse / CCLI Song # 7207145

大卫子孙啊，可怜我吧！

(2/2)

D major　　4/4　　♩ = 90

副歌

Bm　A　G　D
这是我简单呼求，

Bm　F#m　G　A
雄辩言语　都没有。

Bm　A　G　D
哦救主听我祷告，

Bm　F#m　Bm　A
向我显出　祢荣耀！

　　　　D　　　G D F#m
崇高救赎主，祢真伟大！

　　　　D　　　G A D
大卫子孙啊，可怜我吧！

从深处之求告

耶和华啊,我从深处向你求告。
诗篇 130:1

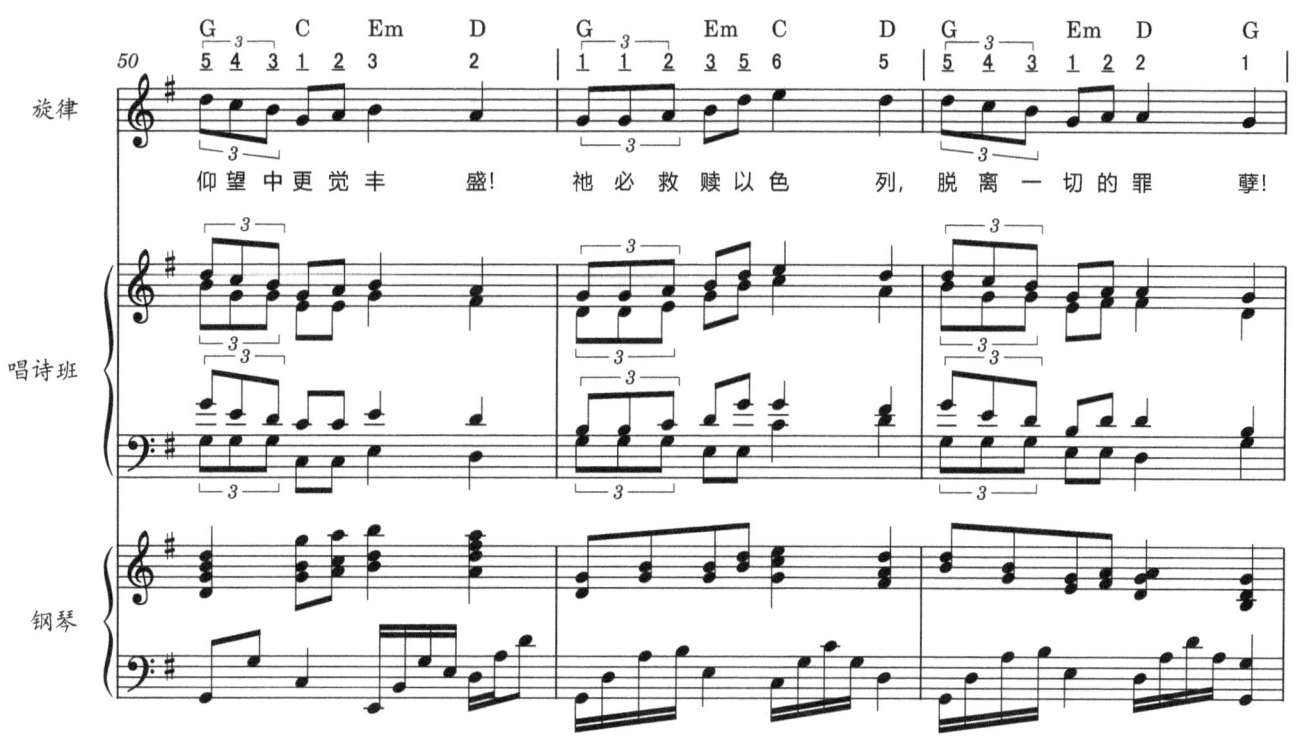

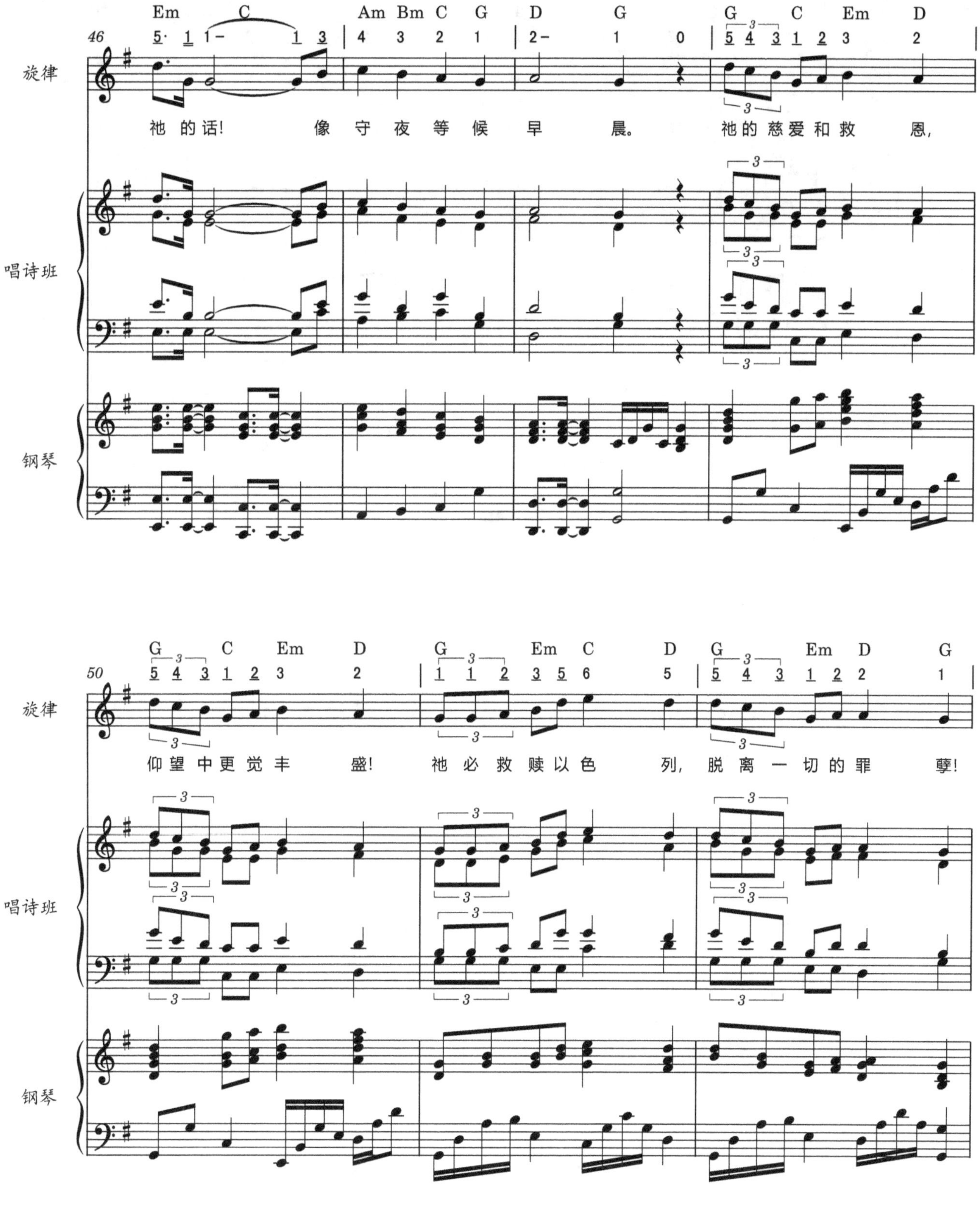
Em C Am Bm C G D G G C Em D
46
5· 1 1– 1 3 4 3 2 1 2– 1 0 5 4 3 1 2 3 2
旋律
祂的话! 像守夜等候早晨。祂的慈爱和救恩,
唱诗班
钢琴
G C Em D G Em C D G Em D G
50
5 4 3 1 2 3 2 1 1 2 3 5 6 5 5 4 3 1 2 2 1
旋律
仰望中更觉丰盛! 祂必救赎以色列,脱离一切的罪孽!
唱诗班
钢琴

从深处之求告
(1/2)

简思德

F major　　4/4　　♩ = 75
F　C　B♭　Gm　Dm　Am

```
   F     C  F    F       C F B♭C
耶和华我的神啊，我从深处向祢 求  告，       2x

   F     C  F      B♭F C F C
求祢听我的声音吧！愿祢  听我祈祷！

      F     B♭  F     Gm
祢若究察罪恶，谁能站得住呢？              2x

      F     Dm   B♭F C F C
但在祢有宽恕，要叫 人敬畏主。

         F    B♭   Dm   B♭  Gm Am B♭F Dm C
我要等候耶和华，也会仰望祂的话！  我心 等 候 主，我 神！

         F    B♭   Dm   B♭  Gm Am B♭F  C  F
我要等候耶和华，也会仰望祂的话！  像守 夜 等 候 早 晨。

 F    B♭Dm C  F    B♭Dm C
祂的慈爱和救  恩，仰望中更觉丰  盛。          2x

 F    Dm B♭ C  F    Dm C F
祂必救赎以色  列，脱离一切的罪孽！
```

版权所有 © 2022 GlossaHouse / CCLI Song # 7207203

从深处之求告
(2/2)

简思德

G major 4/4 ♩ = 75

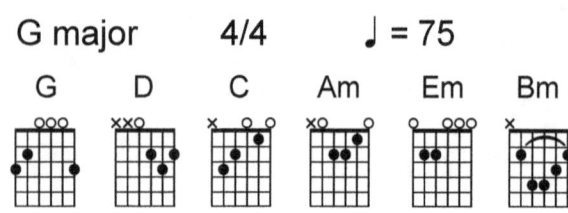

G   D G   D G C D
耶和华我的神啊，我从深处向祢 求 告，

G   D G   C G D G D
求祢听我的声音吧！愿祢听我祈祷！

G   C G   Am
祢若究察罪恶，谁能站得住呢？

G   Em C G D G D
但在祢有宽恕，要叫人敬畏主。

G   C   Em C   Am Bm C G Em D
我要等候耶和华，也会仰望祂的话！ 我心 等 候 主，我 神！

G   C   Em C   Am Bm C G D G
我要等候耶和华，也会仰望祂的话！ 像守 夜 等 候 早 晨。

G C Em D G C Em D G Em C D G Em D G
祂的慈爱和救 恩，仰望中更觉丰 盛。祂必救赎以色 列，脱离一切的罪孽！

G C Em D G C Em D G Em C D G Em D G
哈利路亚！太感 谢！直到永久唱不 绝！哈利路亚！太感谢！直到永久唱不绝！

每一天敬拜

从日出之地，到日落之处，耶和华的名是应当赞美的。
诗篇 113:3

词、曲：简思德
编曲：陈明昌

版权所有 © 2022 GlossaHouse / CCLI # 7207212

每一天敬拜

(1/2)

简思德

D major 4/4 ♩ = 80

Gmaj7 D/F# Em A D G A/G F#m Bm

副歌

　　　　Gmaj7　　D/F#　　　Em　　　A
每一天敬拜（全心敬拜），每一天赞美（竭诚赞美），

　　Em A　　D
不息传扬宝贵福音！

　　　　Gmaj7　　D/F#　　　Em　　　A
每一早晨之醒来（日出醒来），每一夜晚之入睡（日落入睡），

　　Em A　　D
不停宣告耶稣的名！

①
　　　G A/G D/F#
愿敬拜声 充满 热情！

　　　G　A　　D
愿口唱心和日夜颂赞！

　　　G A/G F#m Bm
愿心不悖逆心　向主虔敬，

　　　G　　Em A
成为活祭留在祭坛！

第二至第四段（下一页）

版权所有 © 2022 GlossaHouse / CCLI Song # 7207212

每一天敬拜
(2/2)

D major　　4/4　　♩= 80

②
愿众教会渴望复兴！
愿门徒心连心如一人！
愿神的子民为迷羊舍命，
彰显神爱直到永远！

③
愿各民族弃绝偶像！
愿君主顺从神的话语！
愿普天下向神跪拜齐唱，
荣耀君王耶稣基督！

④
愿复活中围绕宝座！
全然从死、哀、哭、疼释放，
各国、各族、各民都高声说：

　　　G　　A　　　D
"所有荣耀归神羔羊！"

尾声
　　　　Gmaj7　　　D/F#　　　Em　　　A
每一早晨之醒来（日出醒来），每一夜晚之入睡（日落入睡），

　　　Em　A　　　D
永远敬拜耶稣圣名！

- 救赎主 2 -

版权所有 © 2022 GlossaHouse / CCLI Song # 7207077

救赎主

(1/2)

简思德

F major　6/8　♩. = 55

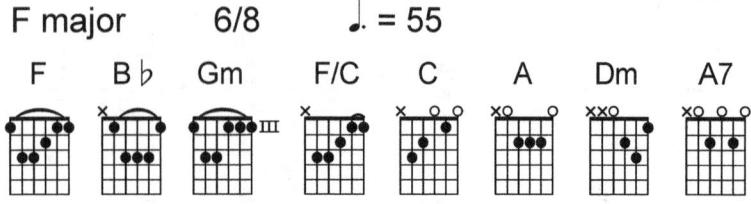

①
F
祢是亚伯兰的主。

B♭ Gm F/C C
他找神的新国度。

F
透过信称为公义，

B♭ Gm C　F
受试炼体会护庇。

副歌（下一页）

②
祢是路得的主宰。
她因着信真进来。
圣约关系的忠义
是她生命的主题。

③
祢是以色列的主。
他们经旷野进入
应许之地得诫命，
让万国万邦都听。

④
祢是我们的主宰。
我众罪满旧人该
透过浸礼被埋葬，
而新人向神开放。

救赎主
(2/2)

F major　　　6/8　　　♩. = 55

副歌

B♭　F　　　A　　　Dm
救赎主，感谢祢彻底救赎！

　　　B♭　F　　　Gm　　C
从好远到很近，祢呼召祢的子民。

　　　B♭　F　　　A7　　Dm
差独生子耶稣，赦免罪根除羞辱，

　C　F
哦救赎主。

- 上帝的爱 2 -

版权所有 © 2022 GlossaHouse / CCLI # 7207174

- 上帝的爱 3 -

上帝的爱

(1/2)

简思德

C major　　4/4　　♩ = 75

G　C　Am　F　Dm　Em

①

G　C　　C　　　Am

　　上帝的爱现于凡受造上。

　　　　F　　　G

每一星座发出祂言语。

C　　F　　G　Am　F

　　每一彩虹宣告　祂圣约。

　　　Dm　　　　G

等末日一同叹息劳苦。

副歌（下一页）

②
　　上帝的爱映于祂话语上。
　　每一词语彰显祂怜悯。
　　每一句话都圣洁无瑕。
　　以召唤每个迷失心灵。

③
　　上帝的爱显在十字架上。
　　每一钉子伤透神羔羊。
　　每一恶行在此偿赎价。
　　使悔改的罪人得释放。

④
　　上帝的爱刻在我心版上。
　　每一行动是向祂献祭。
　　每一时刻我会信靠祂。
　　敬拜祂不惜最后气息。

上帝的爱
(2/2)

C major　　　4/4　　　♩ = 75

副歌

　　　　C　　F
上帝的爱那么丰富！

　　　　C　　F
祂的信实超越一切！

　　Am　G　C　F　　Dm　　G
祂忠义持续　到永远！我要一直向祂称谢！

　　　　C　　F
祂的力量无与伦比！

　　　　C　　　Em
祂的踪迹何其难寻！

　　Am　G　C　F　　Dm　G　C
祂智慧比金　子可贵！我的崇拜永不停顿！

　　　F　G　C　F　　Am　G　C
感谢上帝宝贵慈爱！感谢上帝的爱！

凡有气息的都要赞美耶和华

凡有气息的，都要赞美耶和华。你们要赞美耶和华。
诗篇 150:6

词、曲：简思德
编曲：陈明昌

- 凡有气息的都要赞美耶和华 3 -

- 凡有气息的都要赞美耶和华 4 -

版权所有 © 2022 GlossaHouse / CCLI # 7207176

凡有气息的都要赞美耶和华
(1/2)

简思德

F major　　4/4　　♩ = 90

F　Dm　B♭　C　Am　Csus4　Gm

前奏

F　Dm　　B♭　C

凡有气息的都要赞美耶和华！

F　　Am　　Dm B♭　C F

Kol han- ne - sha - ma te hal-lel Yah!

Dm B♭ C F

高唱哈利路亚！

①

F　Dm　　B♭ C Dm Csus4 C

我出生后，第一次开始　呼　　吸。

F　Dm　　B♭　　C

首度开口，这生命因神怜悯！

B♭ F　　Gm　　C

哈利路亚！全地要敬拜祂！

B♭ F　　Gm C　F

宇宙万物呼喊哈利路亚！

凡有气息的都要赞美耶和华
(2/2)

F major　　　4/4　　　♩ = 90

②
我重生后，屏住气息来受浸。
暂时闭口，埋葬旧人在那里！
哈利路亚！全地要敬拜祂！
宇宙万物呼喊哈利路亚！

③
我受浸后，再一次深深吸气。
全心开口，来赞美主的圣名！
哈利路亚！全地要敬拜祂！
宇宙万物呼喊哈利路亚！

④
我尽忠后，呼出最后一口气。
终了闭口，神真是所信靠的！
哈利路亚！全地要敬拜祂！
宇宙万物呼喊哈利路亚！

⑤
我醒来后，重新呼生命之气。
永远开口，跟万邦歌颂上帝！
哈利路亚！全地要敬拜祂！
宇宙万物呼喊哈利路亚！

尾声

F　Dm　　B♭　　C

凡有气息的都要赞美耶和华！

F　　Am　　Dm　B♭　C F

Kol han- ne - sha - ma　te hal-lel Yah!

Dm B♭ C F

高唱哈利路亚！

还有为我的盼望

我们务要认识耶和华，竭力追求认识他。他出现确如晨光，他必临到我们像甘雨，像滋润田地的春雨。
何西阿书 6:3

词、曲：简思德
编曲：陈明昌

还有为我的盼望
(1/2)

简思德

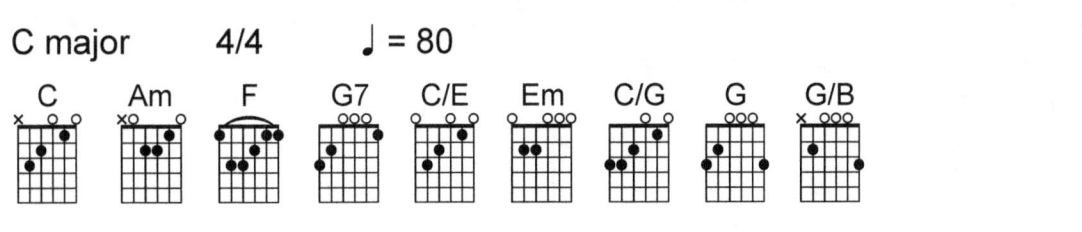

①
    C   **Am**
我所种的是风，所收的是暴风。

    F   **G7 C/E**
还有为我的盼望？

    F   **G7 Em**   **Am**
我需要是宽恕，必遮盖那咒诅。

    C/G G7 C
我要哀求 耶和华！

副歌（下一页）

②
我背的是负担，所得的是重担。
还有为我的释放？
我需要是同担，必有耶稣同伴。
我要恳求耶和华！

③
我受的是耻辱，所得的是羞辱。
还有为我的平安？
我需要是自由，必来自神的手。
我要央求耶和华！

④
我所种的是风，所收的是暴风。
还有为我的盼望！
我需要是宽恕，必遮盖那咒诅。
我要哀求耶和华！

版权所有 © 2022 GlossaHouse / CCLI Song # 7207210

还有为我的盼望

(2/2)

C major   4/4   ♩ = 80

副歌

    Am G   F
我要认识耶和华！

    C/E F   G
竭力追求认识祂！

    Am   G/B
祂出现确如晨光，

    C/E   F   C/E   Am
祂必临到我很像　甘雨，

    C/G G7   C
像滋润田地春雨！

求祢让我再次复兴！

你不再将我们救活，使你的百姓靠你欢喜吗？
诗篇 85:6

词、曲：简思德
编曲：陈明昌

♩ = 50

1. 哦 主，我来到这里，一心只想寻求祢，渴慕单单聆听祢声音，亲
2. 哦 主，我卸下倦怠，一心只想遇见祢，渴慕单单进入祢同在，坦
3. 哦 主，我屈膝跪祷，一心只想顺服祢，渴慕单单关注祢教导，矢
4. 哦 主，我俯伏敬畏，一心只想荣耀祢，渴慕单单汲取祢智慧，全

密贴近认识祢。请祢开通我耳朵，使我听从，不退缩。愿
然无惧瞻仰祢。请祢打开我眼睛，使我全身得光明。愿
志不渝反映祢。请祢更新我意念，使我温良经试炼。愿
神贯注服侍祢。请祢重塑我心灵，使我谦卑同主行。愿

版权所有 © 2022 GlossaHouse / CCLI # 7207196

- 求祢让我再次复兴！2 -

求祢让我再次复兴！
(1/2)

简思德

D major　　4/4　　♩= 50

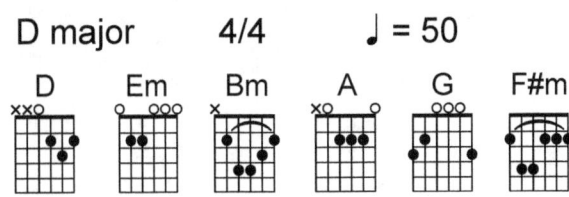

①
　　D　　Em　Bm　A　　　D　　Em　　A
哦主，我来　到这里，一心只想寻求祢，

　　D　　Em　Bm　A　　G　　A　　D
渴慕单单聆听祢声音，亲密贴近认识祢。

　　Bm　A　Em　F#m　　Em　Bm　F#m　A
请祢开通我耳朵，使我听从，不退 缩。

　　Bm　A　F#m　Bm　　G　　A　　D
愿祢教我为祢 活。求让我再次复兴！

副歌（下一页）

②
哦主，我卸下倦怠，一心只想遇见祢，
渴慕单单进入祢同在，坦然无惧瞻仰祢。
请祢打开我眼睛，使我全身得光明。
愿祢翻转我生命。求让我再次复兴！

③
哦主，我屈膝跪祷，一心只想顺服祢，
渴慕单单关注祢教导，矢志不渝反映祢。
请祢更新我意念，使我温良经试炼。
愿祢鉴察我里面。求让我再次复兴！

④
哦主，我俯伏敬畏，一心只想荣耀祢，
渴慕单单汲取祢智慧，全神贯注服侍祢。
请祢重塑我心灵，使我谦卑同主行。
愿祢洁净这瓦器。终来赐给我复兴！

版权所有 © 2022 GlossaHouse / CCLI Song # 7207196

求祢让我再次复兴！

(2/2)

D major　　　4/4　　　♩ = 50

副歌

　　　　G　　A　　F#m　Bm
唯有祢才能让我复兴，我父！

　　　　G　　A　　D
求祢让我再次复兴！

　　　　G　　A　　F#m　Bm
高举祢的圣名，最崇高救 主！

　　　　G　　A　　D
求祢让我再次复兴！

— 哈利路亚！我属于祢！2 —

哈利路亚！我属于祢！
(1/2)

简思德

C major   4/4   ♩ = 85

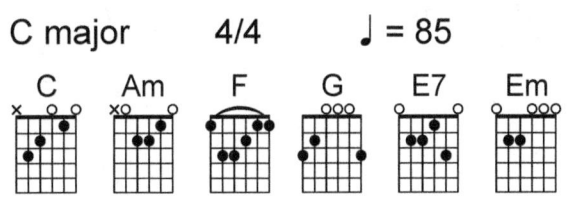

①
      C   Am
天父，为什么祢拣选我？

     F   G   C
祢是伟大唯一真神。

     F   G   E7   Am
我信心那么软弱，缺少特殊才能。

     F   G
但祢一直使我蒙恩！

副歌（下一页）

②
耶稣，为什么祢救赎我？
祢是世界唯一盼望。
我罪恶何其众多，凡行为皆混乱。
祢竟牺牲为罪清偿！

③
圣灵，为什么祢使用我？
祢是生命唯一泉源。
我思想时常困惑，对属灵事瞎眼。
祢却用我让人看见！

哈利路亚！我属于祢！

(2/2)

C major　　　4/4　　　♩ = 85

副歌

　　F G　　Em　Am
哈利路亚！我属于祢！

　　F G　　Em　Am
完全圣洁，崇高上帝！

　　F G　　Em　Am
阿爸父神，高举祢名！

　　F　　G　　Em　　Am
祢的慈爱无穷无尽！

　　F　　G　　C
哈利路亚！我属于祢！

- 避难所 2 -

避难所
(1/2)

简思德

G major 4/4 ♩ = 80

G D C Em

①
    G   **D**
我赤身出于母胎，

    C   **D**
赤身我归回主爱。

    G   **Em**
赏赐的是耶和华，

    C **D** **G**
收取是爱我的他。

副歌（下一页）

②
身躯灭绝终会来，
灭绝尽头有主在。
救赎主永远存活，
又何惧死亡枷锁？

③
我要高举祂的名，
高举主名永不停。
谁能逃死亡之罗？
唯有祂是避难所！

版权所有 © 2022 GlossaHouse / CCLI Song # 7207206

避难所

(2/2)

G major   4/4   ♩ = 80

副歌

`G  D     Em C`
避难所，唯一避难所！

`    G       D`
祂信实庇护到底，

`     C       D`
死亡权势在哪里？

`G  D     Em C`
避难所，唯一避难所！

`    G       D       G`
祂是我所倚靠的，我避难所！

我怎能敬拜祢？

(1/2)

简思德

D major　4/4　♩ = 75

和弦：D　Bm　F#m　G　Asus4　A　Bm　Em

①
　　　D　　　　　Bm　　F#m
我的主，怎能献给祢最得体的敬拜？

　　　G　　　　　Asus4　　A
我每一句话都被罪玷污。

　　　G　　　D　　F#m　　Bm
我思想不断混乱，我心肠充满私欲。

　　　G　　　A　　　D
我怎能敬拜祢，我的主？

　　　F#m　　　　Bm
敬拜祢，我父，敬拜祢，基督：

　　　G　　　　Asus4　　A
这是我唯一的愿望！

　　　G　　　A　　　Bm　　G
从心底到外貌，洗净所有肮脏！

　　　Em　　A　　　D
我热情敬拜祢，我的王！

我怎能敬拜祢？

(2/2)

D major　　4/4　　♩ = 75

②
我的主，怎能献给祢最真诚的赞美？
祢掌管所有的宇宙万物。
祢智慧真的伟大，我高尚行为少数。
我怎能赞美祢，我的主？

赞美祢，我父，赞美祢，基督：
这是我唯一的愿望！
从心底到外貌洗净所有肮脏！
我热情赞美祢，我的王！

③
我的主，怎能献给祢最崇高的荣耀？
只耶稣能赐给人类救赎。
藉着无穷的恩典，祢让我向祢降服。
我怎能荣耀祢，我的主？

荣耀祢，我父，荣耀祢，基督：
这是我唯一的愿望！
从心底到外貌洗净所有肮脏！
我热情荣耀祢，我的王！

尾声：

　　　G　　A
我全心荣耀祢，

　　F#m　　Bm
我全性赞美祢，

　　　G　　A　　D
我全力敬拜祢，我的王！

我们来到祂面前

要将耶和华的名所当得的荣耀归给他，拿供物来奉到他面前。当以圣洁的妆饰敬拜耶和华。
历代志上 16:29

词、曲：简思德
编曲：陈明昌

1. 我们来到祂面前来崇拜唯一真神。虽我们充满罪恶，但主耶稣赐救恩！祂的牺牲完全不可思议。祂的
2. 我们来到祂面前来尽心认罪悔改。祂触摸完全医治，每伤痛和深伤害。
3. 我们来到祂面前来陈明可怕事态。祂颠覆每个恶行，使一切邪灵退败！
4. 我们来到祂面前来倾吐我们的爱。求主牵引全人类，来环绕宝座敬拜！

版权所有 © 2022 GlossaHouse / CCLI # 7207180

我们来到祂面前

(1/2)

简思德

F major　4/4　♩ = 90

F　C　B♭　Csus4　Gm　Dm

①

　　F C B♭ F Csus4　C
　我们来到　祂面　　前

　　F　　Gm　C
　来崇拜唯一真神。

　　F C B♭ F Dm
　虽我们充　满罪恶，

　　B♭　C　F
　但主耶稣赐救恩！

副歌（下一页）

②
　我们来到祂面前
　来尽心认罪悔改。
　祂触摸完全医治，
　每伤痛和深伤害！

③
　我们来到祂面前
　来陈明可怕事态。
　祂颠覆每个恶行，
　使一切邪灵退败！

④
　我们来到祂面前
　来倾吐我们的爱。
　求主牵引全人类，
　来环绕宝座敬拜！

我们来到祂面前
(2/2)

F major　　　4/4　　　♩ = 90

副歌

　　Dm C　　B♭　F
祂的牺　牲完全不可思议。

　　Dm F　　C
祂的复　活带来新的生命。

　　Dm C　　B♭　F
祂的圣　灵印证彻底接纳。

　　B♭　　C　　F
祂的救赎让我们盼天家！

在祢手里

我的羊听我的声音，我也认识他们，他们也跟着我。我又赐给他们永生。他们永不灭亡，谁也不能从我手里把他们夺去。
约翰福音 10：27-28

词、曲：简思德
编曲：陈明昌

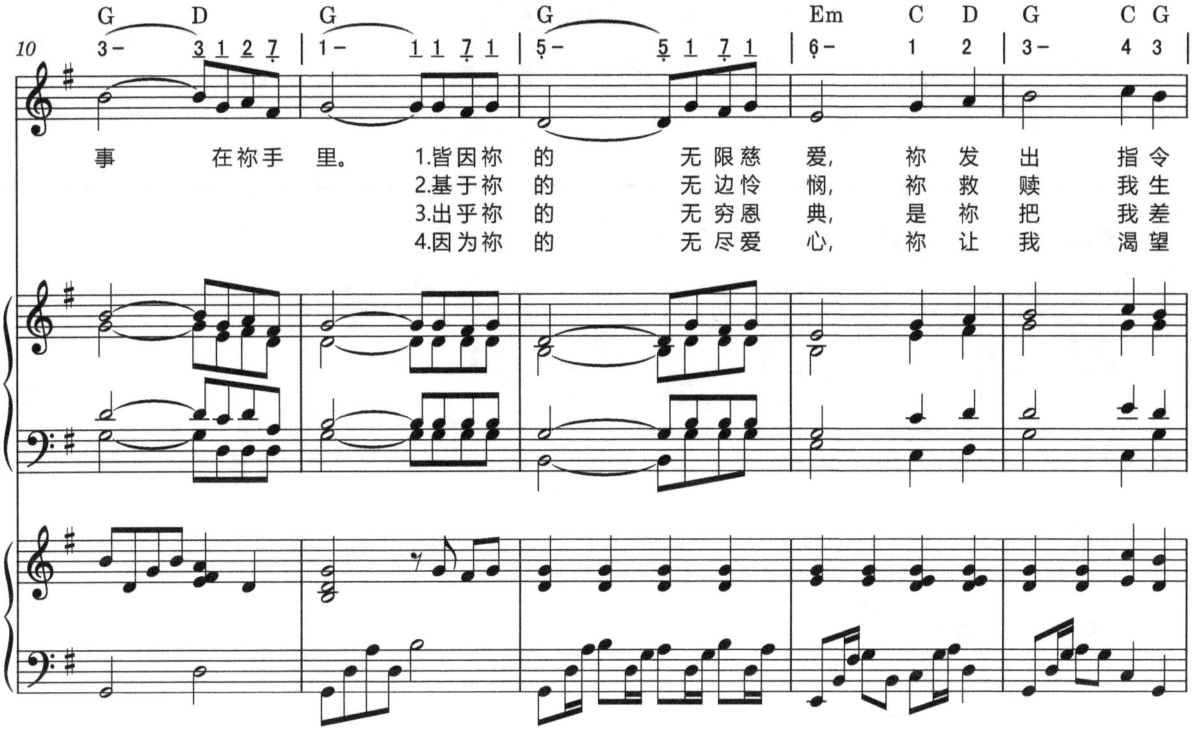
10
G D G G Em C D G C G
旋律
事 在祢手 里。 1.皆因祢 的 无限慈 爱, 祢 发 出 指令
2.基于祢 的 无边怜 悯, 祢 救 赎 我生
3.出乎祢 的 无穷恩 典, 是 祢 把 我差
4.因为祢 的 无尽爱 心, 祢 让 我 渴望
唱诗班
钢琴

15
D G C Am G D7 G
旋律
来 创造我 灵, 让我一 定 安然无 恙 在祢手 里!
命。 现今我 心, 彻底更 新, 坦然无 惧 在祢手 里!
遣。 给人施 浸, 传扬福 音, 鞠躬尽 瘁 在祢手 里!
祢。 我今来 临, 赞美祢 名, 直到永 远 在祢手 里!
唱诗班
钢琴

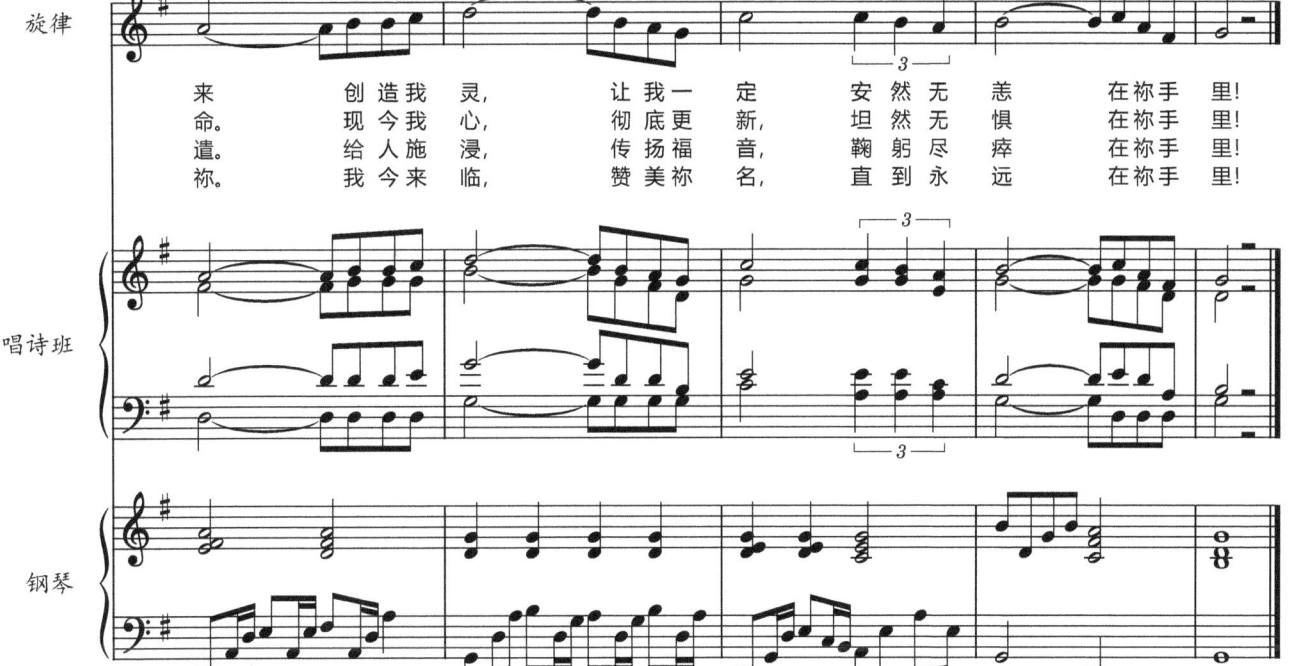

在祢手里
(1/2)

简思德

G major　4/4　♩ = 83

G　Em　C　D　B/D#　Am　D7

副歌

　　　　G　　　　Em
我整个人在祢手里，

　　　　　C　　　　D
从出生至最后气息。

　　　　　G　　　　　C
只有软弱，毫无公义，

　　　　　G　　D　B/D#　Em
仅因恩惠我信　靠　　　祢，

C　G　D　　　G
平安无事　在祢手里。

①
　　　　　G　　　　Em
皆因祢的无限慈爱，

C D G C G D
祢发出指令来

　　　　G　　　　C
创造我灵，让我一定

Am　　G D7　　　G
安然无恙　在祢手里！

204　　版权所有 © 2022 GlossaHouse / CCLI Song # 7207194

在祢手里
(2/2)

G major   4/4   ♩ = 83

②
基于祢的无边怜悯，
祢救赎我生命。
现今我心，彻底更新，
坦然无惧在祢手里！

③
出乎祢的无穷恩典，
是祢把我差遣。
给人施浸，传扬福音，
鞠躬尽瘁在祢手里！

④
因为祢的无尽爱心，
祢让我渴望祢。
我今来临，赞美祢名，
直到永远在祢手里！

真理圣灵

我要求父，父就另外赐给你们一位保惠师，叫他永远与你们同在，就是真理的圣灵……
约翰福音 14:16-17a

词、曲：简思德
编曲：陈明昌

版权所有 © 2022 GlossaHouse / CCLI # 7207211

真理圣灵
(1/2)

简思德

F major　4/4　♩ = 85

F　C　B♭　B♭/D

①

　　　F　　　　C
真理圣灵，我深深渴慕祢。

　　B♭　F　　　B♭　　C
在我心行割礼，不再有所悖逆。

　　　F　　B♭　F　　C
有何恩典怀里让我全人受浸！

　　　F B♭/D　C　　B♭　　F
我必尽性　　尽力朝向神国迈进！

副歌（下一页）

②
真理圣灵，我切切需要祢。
无论在何禾场，不想变得叛逆。
人生何须品尝罪的甜美滋味！
祢保守我心肠，赐我恩典安慰！

③
真理圣灵，我紧紧抓住祢。
使用纯净圣火，不容任何篡逆。
世上有何灾祸真能把我剪除！
我必为祢而活，祢是我藏身处！

版权所有 © 2022 GlossaHouse / CCLI Song # 7207211

真理圣灵
(2/2)

F major　　4/4　　♩ = 85

副歌

　　　　F　　　　　　B♭
浇灌我，浇灌我！洗净我心！

　　　　F　　　　　　　C
充满我，充满我！恩膏我口！

　　　　F　　　　　　B♭
使用我，使用我！不断传扬福音！

　　　　F　　B♭ C　F
荣耀耶稣，归天父所有！

天父我敬拜祢

时候将到，如今就是了，那真正拜父的，要用心灵和诚实拜他，因为父要这样的人拜他。
约翰福音 4:23

词、曲：简思德
编曲：陈明昌

天父我敬拜祢
(1/2)

简思德

G major　　6/8　　♩. = 70

G　D　Em　C　Am

副歌
G D　G Em　C D G
亲爱的天父，我敬拜祢！

C　　Am G　D
愿我祈祷蒙祢的悦纳。

G D　G Em C D G
全人类能力不足代替

C　　Am D　G
祢宝贵的智慧和计划！

①
　　G　　D　G
我渴慕祢恩待，我缺少祢同在。

　　G　　D　G
我需要祢带领，我信靠祢圣灵！

　　C　D Em　C　D G
天父，我敬拜祢！天父，我敬拜祢！

第二至第三段（下一页）

天父我敬拜祢
(2/2)

G major   6/8   ♩. = 70

②
我寻求祢荣面，我恳求祢恩典。
我依靠祢话语，我跟随祢耶稣！
天父，我敬拜祢！天父，我敬拜祢！

③
我交给祢我心，我献予祢我灵。
我尊崇祢我父，我爱慕祢我主！
天父，我敬拜祢！天父，我敬拜祢！

加冕
(1/2)

简思德

G major　4/4　♩ = 90

G　Em　E/G#　Am　D　B7　C

①
　　　　G　　　Em
耶稣作王在你和我之上。

　E/G#　　　Am　　　　D
　　祂的威权超过你我意念。

　　　　G　Am G B7 Em
　愿我们去宣告耶稣 为 主，

　　　　C　Am D
　同声彼此欢呼！

副歌（下一页）

②
耶稣作王在祂教会之上。
在基督里信徒合而为一。
愿我们来一同作祂门徒，
齐声圣民赞誉！

③
耶稣作王在掌权者之上。
每个国家在祂统治之下。
愿我们齐赞美崇高君王，
高声万民欢唱！

④
耶稣作王在全世界之上。
所有民族将会向祂俯伏。
愿我们归回祂尊贵圣殿，
细声宇宙有言！

加冕
(2/2)

G major   4/4   ♩ = 90

副歌

      G Em Am
我们加冕圣洁公义神羔羊，

D   C   D   G
  高举祂名，因祂配得所有颂赞！

    Em Am C D
没有言语能够描述祂慈爱！

    Am D   G
在宝座前，万民屈膝跪拜！

- 在伯利恒城 2 -

版权所有 © 2022 GlossaHouse / CCLI # 7207432

在伯利恒城

(1/2)

简思德

C major　4/4　♩ = 100

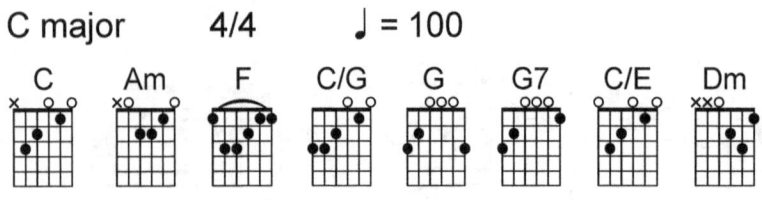

①

C　　　　Am
贫穷寡妇，忠义伴侣，

F　　　C/G　G
贤德女子，勤劳使女，

C　　　　　　Am　F
名叫路得，到大麦田间去，

　C/G　　G7　C
进入圣约，终获得救赎！

副歌（下一页）

②
美妙诗者，合神心意，
救主先祖，神所膏立，
名叫大卫，谨守天恩使命，
撇下羊群，牧养神百姓！

③
奇妙策士，永在的父，
全能的神，和平之君，
名叫耶稣，自圣诞彰显主，
战胜死亡，得万民称誉！

在伯利恒城
(2/2)

C major　　　4/4　　　♩ = 100

副歌

G C　　　　F
在伯利恒城，创造天地神

　　C/E　　　G
使用微小镇带宝贵救恩！

　　C　　　　F
不起眼地方，引起人信仰，

　　Dm　C/G G7　C
向往弥赛亚　君　王！

祢当被称颂
(1/2)

简思德

F major　　4/4　　♩ = 100
F　B♭　C　Dm　Am　Gm

①
F B♭ C　　Dm B♭ C
祢当被称颂，慈爱的真神！

B♭ C　F　Am　Gm Dm C
唯有祢配得赞美，配得所有感恩！

F B♭ C　　Dm Gm Am
祢当被称颂，吸引人归向祢！

B♭ F　Am Dm　B♭ Gm C
透过祢宝贵的圣约，兴起全新子民！

副歌（下一页）

②
祢当被称颂，真理的圣灵！
唯有祢陪伴安慰，陪伴生命同行！
祢当被称颂，牵引人信靠主！
透过祢指向的基督，使人悔改得赎！

③
祢当被称颂，被杀的羔羊！
唯有祢背起十架，背起世人罪担！
祢当被称颂，指引人进窄门！
透过祢在父的右边，远离罪蒙救恩！

④
祢当被称颂，尊贵的天父！
唯有祢体现公义，体现永恒宽恕！
祢当被称颂，唤引我不悖逆！
透过祢圣洁的话语，复兴我灵不息！

版权所有 © 2022 GlossaHouse / CCLI Song # 7207201

祢当被称颂

(2/2)

F major   4/4   ♩ = 100

副歌

     F   C
所有荣耀给祢，我王！

     Dm B♭
祢真配得所有颂赞、

  B♭ F Gm Dm C
爱戴、忠诚、尊 荣！

     F   C
愿望思想为主献上！

     Dm B♭
天使一同齐声欢唱！

  F B♭ Dm C F
哦祢 当 被 称 颂！

www.ingramcontent.com/pod-product-compliance
Lightning Source LLC
Chambersburg PA
CBHW081153070526
44583CB00021B/2820